本书为甘肃省商务厅资助项目《“一带一路”建设中甘肃跨国商务合作的
安全与法律保障机制研究》研究成果

甘肃省强化“一带一路”通道枢纽地位的思路和对策研究

瞿静◎著

Research on Strengthening the Hub Status of Gansu Province under the Belt and Road Initiative

法律出版社
LAW PRESS·CHINA
北京

图书在版编目(CIP)数据

甘肃省强化"一带一路"通道枢纽地位的思路和对策研究 / 瞿静著. -- 北京 : 法律出版社, 2022
ISBN 978-7-5197-6334-3

Ⅰ. ①甘… Ⅱ. ①瞿… Ⅲ. ①"一带一路"-国际合作-研究-甘肃 Ⅳ. ①F125

中国版本图书馆 CIP 数据核字(2022)第 066242 号

甘肃省强化"一带一路"通道枢纽地位的思路和对策研究
GANSUSHENG QIANGHUA"YIDAI YILU"TONGDAO SHUNIU DIWEI DE SILU HE DUICE YANJIU

瞿 静 著

责任编辑 李 群 赵雪慧
装帧设计 李 瞻

出版发行 法律出版社
编辑统筹 法规出版分社
责任校对 冯高琼
责任印制 耿润瑜
经　　销 新华书店

开本 710 毫米×1000 毫米 1/16
印张 11.75 **字数** 130 千
版本 2022 年 6 月第 1 版
印次 2022 年 6 月第 1 次印刷
印刷 北京虎彩文化传播有限公司

地址:北京市丰台区莲花池西里 7 号(100073)
网址:www. lawpress. com. cn
投稿邮箱:info@ lawpress. com. cn
举报盗版邮箱:jbwq@ lawpress. com. cn

销售电话:010-83938349
客服电话:010-83938350
咨询电话:010-63939796

书号:ISBN 978-7-5197-6334-3
定价:49.00 元

凡购买本社图书,如有印装错误,我社负责退换。电话:010-83938349

序言

在第二届“一带一路”国际合作高峰论坛圆桌峰会上，习近平总书记指出，互联互通是共建“一带一路”的主线，互联互通在打破制约经济发展“瓶颈”、带动相关产业发展、增强各国发展动力方面有着重要作用。

共建“一带一路”致力于亚欧非大陆及附近海洋的互联互通，建立和加强沿线各国互联互通伙伴关系，构建全方位、多层次、复合型的互联互通网络，实现沿线各国多元、自主、平衡、可持续的发展。“一带一路”的互联互通项目将推动沿线各国发展战略的对接与耦合，发掘区域内市场的潜力，促进投资和消费，创造需求和就业，增进沿线各国人民的人文交流与文明互鉴，让各国人民相逢相知、互信互敬，共享和谐、安宁、富裕的生活。

近年来，我国同格鲁吉亚、白俄罗斯、老挝等国政府签署了国际道路运输协定，同尼泊尔签署过境运输议定书，开通《上合组织成员国政府间国际道路运输便利化协定》规定的6条线路；推动实施《国际公路运输公约》(TIR公约)。以共建“一带一路”为合作平台，目前，我国已与19个国家签署了22项国际道路运输便利化协定；与66个国家和地区签署了70个双边和区域海运协定；与100

个国家签订双边政府间航空运输协定，与其中 54 个国家保持定期客货运通航，与东盟、欧盟签订区域性航空运输协定；与 22 个国家签署邮政合作文件。下一步将优化完善国际物流通道，加强国际货运能力建设，加快形成内外联通、安全高效的物流网络，保障国际物流供应链体系安全畅通，推动“一带一路”交通互联互通高质量发展。

本书作者瞿静博士对甘肃省强化“一带一路”通道枢纽地位的思路和对策研究符合国家顶层规划设计。从甘肃省在省级层面强化“一带一路”通道枢纽地位的必要性入手，剖析了甘肃省在“一带一路”通道枢纽建设中的作用和意义，以及其作为丝绸之路经济带甘肃黄金段的战略重点地位，以甘肃省枢纽建设现状指标为支撑，提出了甘肃省强化“一带一路”通道枢纽地位的基本路径，尤其在强化基础因素、提升综合枢纽能力，侧重发展因素、提升可持续发展能力，重视保障因素、提升保障发展能力等建议上具有理论前瞻性和政策实操性。相信本书的出版将为甘肃决策部门提供很好的理论引导和参考。

当前聚焦于国家宏观层面的相关研究颇多，但从省域出发，开展互联互通研究的成果还较少。希望本书中的相关思路和建议也能对国内其他省域从自身省情出发，融入对接国家“一带一路”互通互联的相关规划有所助益。

是为序。

浙江大学非传统安全与和平发展研究中心高级研究员　周章贵

目录

绪论

一、研究背景

“一带一路”使中国与世界更加紧密地联系在一起，人类命运共同体从来没有像今天这样清晰地展现在世人面前，全球一体化进程快速推进，尤其是我国内陆地区依托国际物流通道、综合交通运输网络与全球供应链系统深度融入全球经济，并在对接“一带一路”过程中将通道枢纽作为新的经济增长极，大力发展枢纽经济，充分实现全方位对外开放。现阶段，我国“一带一路”内陆枢纽建设呈现积极向好趋势。国家适时调整政策进行引导，完善枢纽运行机制。我国与“一带一路”沿线国家贸易持续繁荣，为枢纽建设提供了有力的经济支撑。国家提出《西部陆海新通道总体规划》，要求进一步深化中西部地区陆海双向开放，建立国际性综合交通枢纽城市，扩大内陆地区与“一带一路”沿线各国的互联互通，为经济发展带来新一轮机遇。甘肃作为西部区域性政治经济文化中心，既不沿边也不靠海，在对外对内开放方面总体来讲不具有明显优势，但在“一带一路”、向西开放等构想的加持下，甘肃将通过构建“大通道”，积极融入国家形成陆海内外联动、东西双向互济的开放格局，着力打造面向中西亚、南亚、服务国家“一带一路”的国际物流中心和多式联运中心，成为全球供应链的重要节点，努力把通道枢纽优势变为经济优势，打造海上、陆上丝绸之路中转枢纽港。加快信息基础设施互联互通，构筑“丝路信息枢纽”，形成面向中西亚、南亚及中东欧，服务西北的信息通信枢纽和信息产业基地，以形成甘肃“大枢纽”格局。

因此，甘肃省积极响应“一带一路”倡议，提出包括文化、枢纽、技术、信息、生态的五个制高点建设，其中枢纽制高点的建设目标是以向西开放为主、融入“一带一路”的大通道、大平台，让枢纽经济成为更高层次开放、更高质量发展的重要支撑。甘肃省具备发展国际内陆通道枢纽的优势与条件，并且这些年通道枢纽的建设取得了一定的成绩，如人力、信息技术等保障因素显著改善。公路和铁路网络初步形成，货运量不断提高，多式联运快速发展。对外合作交流扩大，口岸对外开放平台渐成体系。通过搭建国内物流通道，与重庆、广西等相连，进而连通中亚、欧洲与东南亚、南亚等地区。枢纽节点建设稳步推进，甘肃（兰州）国际陆港、兰州新区和武威国际陆港建设取得一定进展。甘肃省未来在新一轮开发开放中必将发挥后发优势，建设大平台、构建大通道、形成大枢纽、发展大产业，实现以开放带动改革，以改革促发展。

但是，与西部其他省区相比，甘肃省在“一带一路”倡议的发展思路及规划设计方面的步伐相对较慢。笔者认为，甘肃省在国家“一带一路”倡议中应该重新定位，特别是应根据历史上甘肃省的重要地位和发展特点，将甘肃省在“一带一路”倡议中定位为中国内陆地区对内对外开放的重要枢纽。随着“一带一路”倡议加快实施，西部大开发等战略深度推进，有利于甘肃省发挥区位优势、通道优势、资源优势，发展更高层次的开放型经济。甘肃省提升对外开放水平要立足区位优势，强化平台支撑，全面推进互联互通，着力打造丝绸之路经济带核心枢纽省份。

目前指导内陆通道枢纽建设的理论相对滞后，甘肃省的通道枢纽建设实践已经走在了理论研究的前面，需要完善有关通道枢纽经济的相关研究，制定强化通道枢纽地位的政策，增强甘肃省对多种资源要素的整合配置能力，促进物流枢纽、交通枢纽、信息枢纽综合一体化发展，找到创新发展的路径和高质量发展的策略。

二、研究意义

目前，我国各地交通基础设施发展不断完善，物流与交通高速发展，形成了立体化的物流网络体系综合交通枢纽，提升了各地区深度参与"一带一路"建设的能力。通过增强对各要素与资源的综合配置整合能力，促进甘肃省成为"一带一路"交通枢纽、物流枢纽与信息枢纽的中心地区。找到具体可依的路径和举措对甘肃省区域经济发展和综合实力的提升具有重要意义。总体而言，本书的意义如下：

（一）理论意义

甘肃省强化"一带一路"通道枢纽地位的问题研究不仅仅涉及应用经济学的理论，而且涉及城市与布局、物流与商贸管理等方面。基于目前研究通道枢纽发展的理论文献较少，滞后于实践发展，无法对实践尤其是政策制定提供科学的理论指导，因此，本书基于枢纽经济的相关理论与现有的研究成果，尝试构建评价甘肃省通道枢纽建设的一套科学合理的指标体系，完善国际内陆通道枢纽研究的理论体系，丰富我国内陆枢纽的研究成果，为今后更加深入和细化的研究奠定一定基础。

(二)实践意义

随着我国经济社会的不断发展,通道枢纽已经成为内陆尤其是中西部地区发展枢纽经济,对接“一带一路”建设并融入全球经济发展的重要途径与载体。本书以甘肃省近年来通道枢纽发展状况作为研究对象,收集并整理国内内陆枢纽竞争力相关指标与数据进行分析,实践意义包括两方面:一是指导甘肃省枢纽制高点建设的实践发展。通过对比我国内陆枢纽竞争力的研究,以及省内各市州枢纽总体发展情况,进行 SWOT 综合判断,并据此对甘肃省枢纽制高点建设提出政策建议。二是为甘肃省通道枢纽发展提供启发。寻找甘肃省打造通道枢纽的差异化发展路径,要紧抓“一带一路”倡议的重大机遇,就要找到具有特色且不同于其他地区发展的独特路径,突出差异化发展,增强枢纽竞争力,避免出现同质化竞争与发展,为本省的通道枢纽发展积累经验并提供启发。

三、研究现状

目前,我国内陆枢纽建设研究尚处于起步阶段,从某网数据库中的相关文献量来看,以“枢纽”为主题的研究内容与种类众多,2010 年至 2022 年 3 月底,某网显示共计 66464 篇文献。总体趋势如下(见图 0-1、图 0-2、图 0-3):

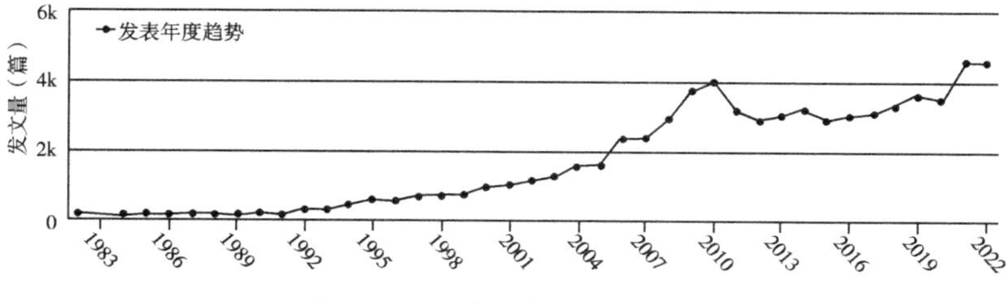

图 0-1　总体趋势图(“枢纽”)

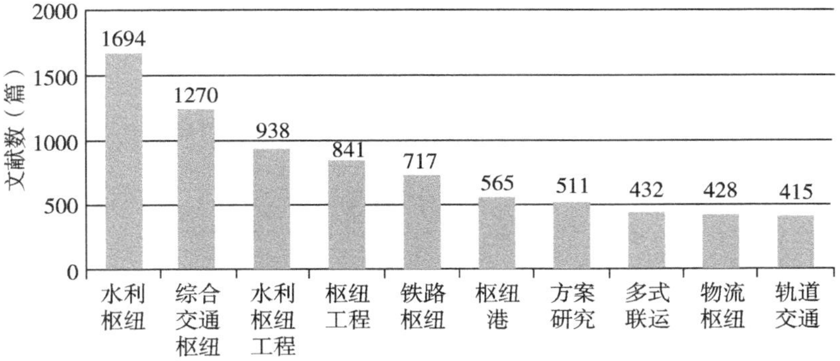

图0－2　主要主题分布图("枢纽")

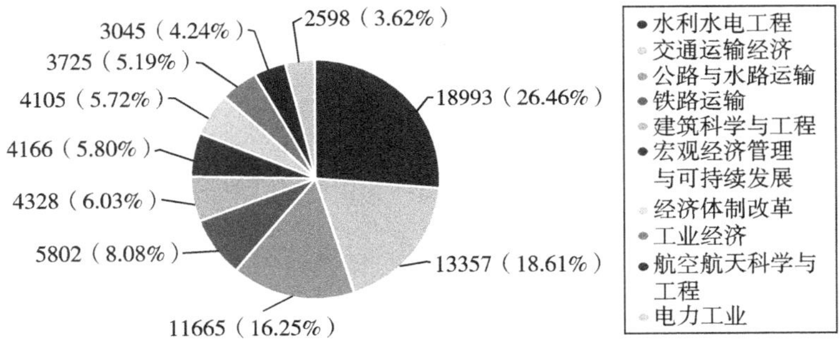

图0－3　学科分布图("枢纽")

由图0－1和图0－2可知,以“枢纽”为主题的文献集中在物流枢纽终端、水利枢纽、枢纽经济理论、交通枢纽、物流枢纽等方面;由图0－3可知,学科涉及较多为水利水电工程、公路与水路运输、交通运输经济、铁路运输、建筑科学与工程等。从总体发文趋势来看,自2008年起发文数量每年都突破10000篇,到2015年突破15000篇,到达峰值,近些年来虽在数量上稍有下降,但仍然热度不减。

以“内陆”“枢纽”为主题的文献共计686篇。总体发文趋势如下(见图0－4、图0－5、图0－6、图0－7):

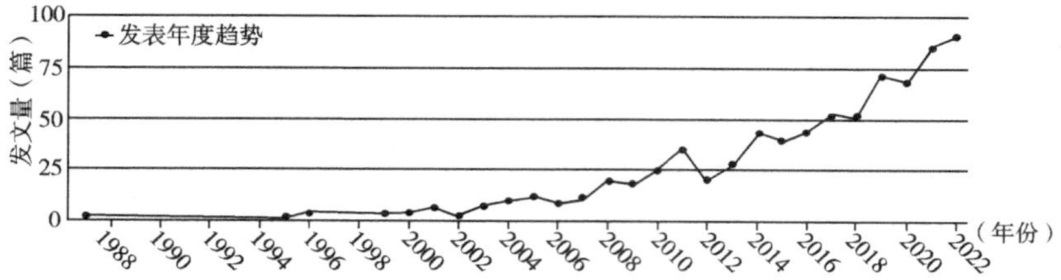

图0－4 总体趋势图（“内陆”和“枢纽”）

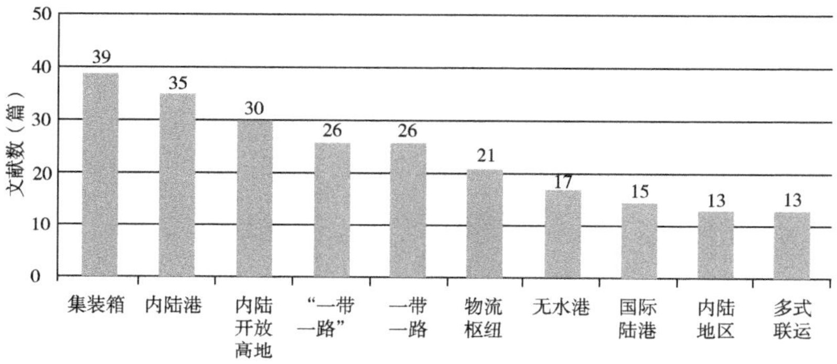

图0－5 主要主题分布图（“内陆”和“枢纽”）

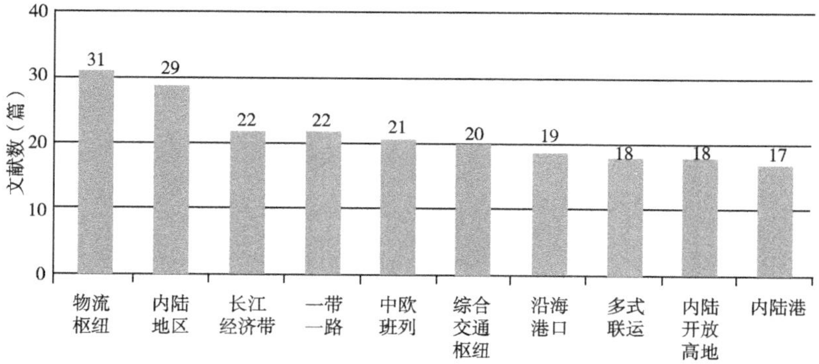

图0－6 次要主题分布图（“内陆”和“枢纽”）

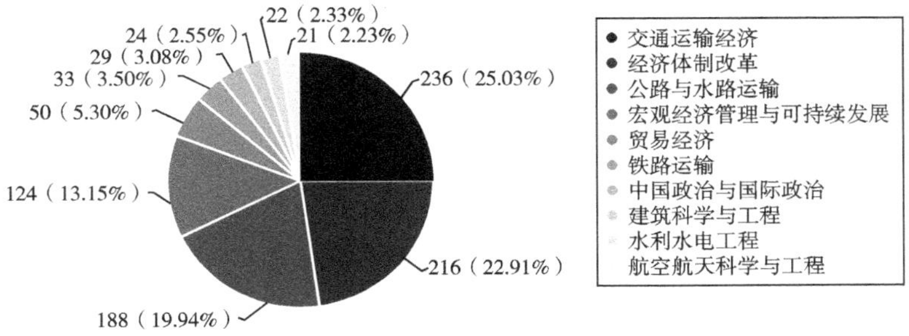

图0－7　学科分布图（“内陆”和“枢纽”）

从1995年以后国内学者逐渐开始研究内陆枢纽这个主题，并连年缓慢递增，到2019年到达顶峰，年论文量超过50篇（见图0－4）。主题主要分布在集装箱、内陆港、内陆开放高地、“一带一路”、无水港、物流枢纽、国际陆港等方面（见图0－5和图0－6），学科涉及交通运输经济、经济体制改革、公路与水路运输、宏观经济管理与可持续发展、贸易经济等主要方面（见图0－7）。一是从文献内容来看，涉及枢纽经济理论的论文主要是从“枢纽”和“经济”的联系与理解方面进行论证。学者普遍认为枢纽经济可以依托交通运输枢纽，实现对货物、贸易、人员、资金与信息等具有流特征的要素进行优化和配置，通过高效引导、聚集、转化、传输等创造经济价值，具有显著的规模化、集群化、协同化的发展特点，既是新经济新业态的典型代表，也是经济发展新动能的重要载体。二是在交通枢纽经济方面，学者们集中论证了交通运输和区域经济发展的关系，以及交通枢纽为城市经济发展提供的功能与效用。研究方法偏向实证研究，并且发现交通枢纽的发展与经济增长呈正相关关系。三是在物流枢纽与区域经济方面，主要通过对中国典型城市物流现状的分析提出相应的对策建议。通过研究物流的组织网络、功能集成等特性，通过协同度理论建立模型，最后得出物流枢纽建设对区域经济发展具有促进作用。另有学者通过分析研究物流枢纽的选址问题,结合不确定多属性决策模型和层次分析法,构建国际型物流枢纽城市的选址方案与评估体系,通过运算找出最优方案。

综上所述,目前学者们大都已经证实交通枢纽、物流枢纽的打造有利于促进资源要素流动、提升当地生产力与竞争力、促进社会经济发展。另外,对于内陆枢纽的打造问题,大部分学者已经普遍归纳出枢纽节点的形成与当地基础设施、城市功能、产业发展、人员集聚等因素有关。枢纽经济是具有流动特征的经济要素,可以促进资源的整合与优化,实现资源要素规模化、协同化、集约化发展,为经济发展提供持久动力。但对产业、城市发展与枢纽经济的综合性研究还有提升空间。产业—城市—枢纽的综合性跨界研究正是今后发展地区经济的重要实现路径,应进一步加强这方面的综合性研究,构建更加科学完善的内陆枢纽理论与指标评价体系,找到地区内陆枢纽发展的差异化路径和策略。

四、研究方法

(一)规范研究方法

本书将规范研究方法应用于概念阐述和界定、基本理论梳理、演绎和整合等方面。

(二)比较研究方法

比较不同省市对内对外开放程度,有助于各省市相互借鉴,取长补短。

(三)案例法

在构建起整体的对内对外交流机制后,还需要深入探究每个子体系所应包含的内容,在探索子体系的过程中,将会更多地使用案例研究的方式，通过解剖特定的一些“麻雀”，来找寻目前对内对外交流的特点，验证所构建体系的科学性、实用性等。

（四）数据收集、调研法

实证研究过程中，会评估甘肃省作为通道枢纽的对内对外开放现状。在此过程中，有一批指标属于柔性指标，对其证据数据的获得需要借助于问卷进行，这就需要大样本调研和数据收集，甚至也可以采用座谈会形式的深访。

五、创新之处

（一）创新性地结合国家标准与相关文献，基于全面性、可比性、可得性和可观测性等原则，项目组确定枢纽综合质量指标评价体系

以枢纽综合评价指标体系为依据，以公开出版的统计年鉴、发展年鉴为基础，并结合各省市相关公开数据，主要利用各省市2017年、2018年和2019年的各指标数据，对甘肃省、陕西省、河南省、广西壮族自治区、四川省、贵州省和重庆市7个重要枢纽中心省市的枢纽建设情况进行综合评价与分析。目前，关于“一带一路”通道枢纽打造的文献已经很多，但是，由于衡量建设效果的研究至今没有一个比较公认的界定，不同的概念之间差异较大，通道枢纽建设的效果与对策研究结论并不一致。因此，在对甘肃省通道枢纽建设研究进行述评之前，有必要先对衡量通道枢纽建设的综合质量指标评价体系及相关概念进行梳理。构建通道枢纽建设的综合质量指标评价体系是枢纽制高点建设的前提。指标体系的构建是进行综合评价和比较的基础，因此指标体系的选择非常重要。指标体系既要以经济理论为基础，又要遵循统计学关于指标体系的基

本要求。本书在综合相关理论和借鉴国内外指数基础上，着眼于我国和甘肃省枢纽制高点建设的实际需要并考虑到数据的可获得性，以公开出版的统计年鉴、发展年鉴为基础，结合各省市相关公开数据，构建了包括 1 个一级指标、3 个二级指标和 10 个三级指标的指标体系。从量化评估的视角出发对甘肃省对内对外交流进行评价，从而回避了一般理论中关于评价难以落实的弊端。

（二）创新性地引入波特的“钻石理论”模型（又称菱形模型）来分析如何提升甘肃省“一带一路”枢纽制高点建设成效

波特菱形理论又称“波特钻石模型”（Michael Porter Diamond Model）、钻石理论及国家竞争优势理论，是由美国哈佛商学院著名的战略管理学家迈克尔·波特（Michael Porter）于 1990 年提出的，用于分析一个国家或地区如何形成整体优势，从而在国际上具有较强竞争力。“钻石模型”最基本的内涵是一国兴衰的根本在于在国际竞争中是否能赢得优势，它强调不仅一国的所有行业和产品参与国际竞争，并且要形成国家整体的竞争优势，而国家竞争优势的取得，关键在于以下四个基本要素和两个辅助要素的整合作用。一是生产要素，包括人力资源、自然资源、知识资源、资本资源、基础设施等，波特特别强调的是“要素创造”，而不是一般的要素禀赋；二是需求条件，包括市场需求的量和质（需求结构、消费者的行为特点等）；三是相关与辅助产业的状况；四是企业策略、结构与竞争对手。在四个要素之外还存在两个辅助要素：机遇和政府，这是另外两个能够对国家竞争优势产生重要影响的变量，机遇是无法控制的，政府政策的影响是不可漠视的。在钻石体系中，每个点以及体系本身都是影响企业和产业在竞争中获得成功的基本要素。各点的作用要看其他点的表现，任何一点出问题，都会限制整个产业进步与升级的潜力。此外，每个点也会自我强化，构筑成一个体系。波特不仅给产业竞争力进行了准确的定义，还提出了产业竞争力四阶段学说，即产业竞争力的成长阶段大致分为四个依次递进的阶段：要素驱动阶段、投资驱动阶段、创新驱动阶段和财富驱动阶段。其中，前三个阶段属于产业竞争力的上升时期，后一个阶段属于衰落时期。波特的“钻石模型”为我们分析如何提升甘肃省枢纽制高点打造提供了参考。本书从政府和企业这两个最主要的市场主体的角度提出相关政府政策建议和企业管理建议，以全面提升甘肃省枢纽制高点打造效果。

六、研究价值

理论上讲，通过对甘肃省“一带一路”枢纽制高点建设的现状评估，对建设效果进行测度，并在此基础上研究探索构建区域枢纽综合评价指标体系，从而评估出甘肃省枢纽制高点建设的水平和地位，梳理出尚存的问题和面临的挑战与机遇。本书将深入探讨以下问题：如何将枢纽制高点建设作为一个大战略进行重新定位；如何进行制度设计并制定相关发展规划；如何将甘肃省打造成为“一带一路”倡议中中国内陆对内对外开放的核心枢纽；如何以开放发展来凝聚理念共识，为“一带一路”建设与甘肃省经济社会的发展提供更务实的方案与智力支持；阻碍甘肃省双向开放发展的要素及其根源；哪些路径更适合本地区的现状与发展。定量评估与定性研究相结合的研究方式是解决上述理论问题的关键途径。

实践价值：甘肃省地理位置特殊，地处青藏高原、内蒙古高原、黄土高原的交汇之地，是中国地理版图的几何中心，自古以来就是连接欧亚大陆板块和新疆、西藏的重要交通枢纽。一条古丝绸之路曾为甘肃带来繁荣，然而，由于长期的战乱再加上统治中心逐渐东移，甘肃又一度走向了衰落。中华人民共和国成立以来，“一五”时期的工业化布局和随后的“三线”建设使甘肃省有了现代化建设的建设基础。进入新时代，“一带一路”又将甘肃省推到了对内对外开放的前沿，甘肃省再次迎来百年不遇的发展机遇。习近平总书记指出，甘肃最大的机遇在于“一带一路”，审时度势，我们需要在理论上破解抢抓“一带一路”的机遇应从哪里着手，甘肃省的机遇首先从其枢纽地位来体现，面对其枢纽地位为什么应该被不断强化，强化的重点和难点是什么，通过强化其枢纽地位能发挥本身的哪些优势并研究从这些优势特色方面发力抢抓机遇、抢抓机遇的重点突破点创新点，如何通过政策将枢纽地位落地，制度和政策方面能否有新的突破与创新等问题，只有先从理论层面解决这些认识问题，甘肃省“一带一路”建设才能有根有据，才能有亮点和发力点，才能风生水起。

本书立足“一带一路”建设的背景，基于枢纽制高点建设指标体系，结合省内外调研和国际经验，对甘肃省枢纽制高点建设开展了研究。首先，介绍中国内陆枢纽和甘肃省枢纽发展现状；其次，基于枢纽建设的要素指标体系，对甘肃省与中国内陆枢纽的指标进行对比分析；再次，梳理甘肃省枢纽制高点建设遇到的问题和机遇；最后，提出枢纽制高点建设对策建议。在枢纽综合评价指标体系的基础上，分别从经济发展水平、交通基础设施和其他保障因素三个方面对中国内陆主要省市的枢纽建设情况进行分析。结果表明甘肃省枢纽综合评价低于其他内陆省市，存在区域经济和产业落后、管理体制机制不健全、基础设施建设落后、枢纽功能不够完善、枢纽信息化建设滞后、高水平管理团队匮乏和枢纽建设资金有限等问题。结合以上现状、问题和机遇，提出如下建议：培育国内市场、开拓国际市场、发展本地产业、健全体制机制、建设专业团队、完善枢纽功能、构建信息平台和拓宽融资渠道。努力将甘肃省打造为比较优势明显、具有鲜明特色的“一带一路”区域性物流枢纽,推动甘肃省枢纽制高点建设,打造枢纽型经济。

第一章

甘肃省强化“一带一路”通道枢纽地位的必要性分析

一、“一带一路”倡议的本质、内容与意义

（一）“一带一路”倡议的本质意蕴

2013 年 11 月 12 日，《中共中央关于全面深化改革若干重大问题的决定》中明确要求推进丝绸之路经济带、海上丝绸之路建设，体现了“一带一路”是新时期党中央深化改革的重要举措，随后，我国相继发布了《丝绸之路经济带和 21 世纪海上丝绸之路建设战略规划》以及《推动共建丝绸之路经济带和 21 世纪海上丝绸之路的愿景与行动》。在党的十九大报告中，习近平总书记明确使用了“‘一带一路’倡议”的提法。倡议指的是首先建议、率先发起。明代蒋一葵《长安客话 · 通惠河》：“元至元间，丞相完泽倡议导昌平白浮诸泉为渠……抵通州高丽庄，以便漕运。”“倡议”一词强调率先发起，发起的内容是倡导和建议，既不强调支配地位，也不具有强制性，符合“一带一路”倡导的各方共同参与、参与主体地位平等的深层意思。在习近平总书记关于“一带一路”倡议的系列论述

中，其本质意蕴得以更加直观、完整、准确地展现并传达给国际社会，这是正确理解、积极推进“一带一路”并且不断释放其正面效应的基点与关键。

1.“一带一路”建设不是封闭的，而是开放包容的

开放带来进步，封闭导致落后。“一带一路”以开放为导向，以平等为基石，通过加强交通、能源和网络等这些有形管道的互联互通，穿越地理、空间、时间的界限，促进资源、信息等在更大的空间场域中快速流通，打造稳定、平等、开放、高效的区域经济合作架构，以此来解决边缘地带的资源分配不均问题和发达地区的资源过剩问题。也就是说，“一带一路”必须是开放性的、包容性的，因为如果限定了范围或者在对象中有选择地开展合作，则不可能做到通畅，这是区别于其他区域性经济倡议的一个突出特点，能够使沿线上的国家和地区实现优势互补。因此，以和平合作、开放包容的丝绸之路精神为指引，得到沿线国家广泛认同。

2.共建“一带一路”倡议不是地缘政治工具，而是务实合作平台

“一带一路”的合作机制中，各国是平等的参与者、谋划者、监督者、受益者。作为发起者，中国政府明确知道，只有建立在平等基础上才是可行的、可持续的合作，因此不会做强人所难的事。“一带一路”平等包容的合作特征为其推进减轻了阻力，得到了越来越多国家和人民的认可和欢迎，这也是我们坚信“一带一路”能够最大程度包容差异共创人类文明交往新范式的原因。同时，任何好的合作都离不开稳定和平的外部环境，也就是说，和平是“一带一路”建设的本质属性，这就决定了“一带一路”不会成为大国政治博弈的工具，正如俄罗斯媒体所说“一带一路”带来的是伟大的梦想，而不是阴谋，任何阴谋论者的揣测和诽谤必将随着“一带一

路”给更多国家和人民带来实实在在的益处而不攻自破。

3.“一带一路”倡议是共商共建共享的联动发展倡议，而非中国的对外援助计划

在合作方式上，“一带一路”倡议的是经济合作和人文交流，实现优先领域互联互通和贸易投资便利化，秉持开放包容原则建设“亚投行”“丝路基金”等，以更好地满足地区的发展需要，促进共同发展和繁荣。在合作手段上，“一带一路”建设是通过具体项目、具体的合作规划加以推进的，每一份协议、合作计划和每一个项目都是通过充分的调查研究，在与各方进行充分的沟通协调之后形成的，参与各国完全根据本国利益自主作出决断，没有胁迫更不可能具有强制性。也就是说，在实现的方式和手段上，“一带一路”的参与主体是绝对平等的。

4.“一带一路”建设不是另起炉灶，而是实现战略对接、优势互补

“一带一路”建设已经与欧盟欧洲投资计划、“冰上丝绸之路”实现了对接与合作，并形成了一批标志性、代表性的重大项目、重大工程，如雅加达—万隆高铁建设、泽蒙—博尔察大桥项目、西哈努克港经济特区建设等。由此可以看到，“一带一路”沿线国家要素禀赋各异，经济发展阶段不一、产业互补性很强，有的国家能源、资源富集但缺乏开放条件且开发力度不够，缺乏政策、资金支持；有的国家劳动力充裕但就业岗位不足，或者劳动力素质普遍较低，不能胜任现代跨国企业用工要求。目前，我国经济规模居全球第二，外汇储备居全球第一，特别是在新冠疫情中集中体现出来的我国制造业强大的生产能力、齐全的配套能力，令世人印象深刻。相对而言，我国具备资金、技术、人才、管理等方面的综合实力，是吸引沿线各国共谋发展大计的优势所在。

5. 要将“一带一路”建成文明之路，而非触发文明冲突的引线

“一带一路”跨越不同大陆、不同国家、不同文明，不可避免地存在摩擦和碰撞，局部地区和领域的抵触可能会很强烈，但它带来的绝不是文明冲突，而是提供一种方法、媒介和渠道，促进各文明间的对话、交流互鉴。“民心相通是‘一带一路’建设的重要内容，也是‘一带一路’建设的人文基础。”通过弘扬丝绸之路精神，让历史照进现实，开展信息丝绸之路、海洋丝绸之路、绿色丝绸之路、卫生健康丝绸之路建设，构建智能信息共同体、生态文明的绿色命运共同体、健康卫生共同体，“一带一路”建设的合作领域更加宽广、对话渠道更加畅通、民意基础更为坚实、社会根基更加牢固，深刻印证了“一带一路”就是要“以文明交流超越文明隔阂”，推动各国互信、互重、互益。“一带一路”在发起之时，本质上是一个区域经济一体化规划，相关研究也以经济利益为核心开展。随着“一带一路”的不断推进，中国政府使“一带一路”倡议呈现出了维护多边主义、促进自由贸易、推动文明互鉴、共同应对风险、共享美好未来等更为丰富的本质意蕴，体现了“一带一路”的全球治理公共产品特质，而且这一点仍需要在与沿线国家的互动合作实践中进一步诠释和证明，以使“一带一路”尽快扬帆远航、惠及世界。

（二）“一带一路”倡议的主要内容

政策沟通是神经，设施联通是筋骨，贸易畅通是脉络，资金融通是血液，民心相通是基因。五通建设是支撑起“一带一路”的四梁八柱，而且五个方面应当齐头并进，缺一不可。

1. 政策沟通

“一带一路”倡议的相关国家和地区政治制度、发展方式、文化传统不一，加强政策沟通是“一带一路”建设的重要保障。也就是

说要加强政策沟通和协调，实现优势互补，推动地区经济融合。随着各国政策沟通走向深入，国家交往更加密切，政治互信得以加强，合作意向更加明确。截至 2021 年 6 月 23 日，中国已经同 140 个国家和 32 个国际组织签署 206 份共建“一带一路”合作文件。在国家战略对接上，包括俄罗斯提出的欧亚经济联盟、波兰提出的“琥珀之路”等都与“一带一路”密切政策协调、对接发展战略。同时，中国同老挝、柬埔寨、缅甸、匈牙利等国家的规划对接工作也全面展开。“一带一路”倡议持续凝聚国际合作共识，在国际社会形成了共建“一带一路”的良好氛围。2019 年 3 月下旬，中国与意大利签署了“一带一路”倡议谅解备忘录，这是首个 G7 国家正式加入“一带一路”。中意两国在《联合公报》中表示，愿加强“一带一路”倡议同泛欧交通运输网（TEN－T）等对接，深化在港口、物流和海运领域的合作。从古丝绸之路到“一带一路”，意大利与中国的往来跨越千年，意义不同寻常。与此同时，我国已经与世界卫生组织、联合国亚洲及太平洋经济社会委员会等组织机构签订了“一带一路”相关合作文件，充分发挥其在不同领域中的联络、带动作用，进一步推进中国与沿线国家在既有的国际合作框架内尽快着手开展务实合作。

2. 设施联通

“丝绸之路首先得要有路，有路才能人畅其行、物畅其流。”长期以来，亚欧大陆间国家经贸往来受制于基础设施的不联通，主要根源于沿线国家大多整体经济基础薄弱，产能不足，还有的受到政治局势牵制，对于基础设施建设的资金以及技术支持远远不够。相比而言，中国具有显著的优势且实践经验丰富，有意愿也有能力与沿线国家排除万难，合作推进构建全方位、多层次的基础设施互联互通的格局。从铁路运输方面来看，中欧班列货物运输类别日益丰富，已经成为沿线各国运输合作的典范。截至 2021 年 9 月，在航空运输方面，中国已与沿线 145 个国家签署航空运输协定，与 53 个国家保持通航，与沿线国家航班量占到我国航班总量的 65.9%。国内航空公司对“一带一路”沿线市场的运力投放加大，往来游客逐年递增，合作潜力巨大。从能源互通来看，着眼于技术变革和能源发展方向，中国致力于打造“绿色丝绸之路”，抓住能源安全和生态安全两条生命线，“建设全球能源互联网，实现绿色低碳发展”。自 2015 年起我国率先提出要构建清洁、绿色的全球能源互联网，得到了沿线国家的积极反响，7 年多来，中国电力企业与“一带一路”国家广泛合作，给诸多电力短缺的国家和地区送去光明和便利。在通信基础设施互联互通方面，我国鼓励和支持有能力的网信企业走向国际，疏导我国与“一带一路”沿线的国际数据专线业务，携手构建网络空间命运共同体。

3. 贸易畅通

2001 年中国加入了世界贸易组织，经过多年来的飞速发展，中国在对外贸易领域不断开拓进取，完成了历史性的蜕变，而“一带一路”建设开启了中国对外贸易的新篇章。第一，“一带一路”促进了中国与沿线国家的铁路、公路、港口和通信等基础设施的互联互通合作，带动了资金和技术的流动，也降低了贸易成本，促进了中国与沿线国家的贸易升级。第二，共有 83 个国家和国际组织参与了中国发起的《推进“一带一路”贸易畅通合作倡议》，推动了贸易一体化和便利化的发展。第一届高峰论坛以来，中国与沿线国家签署了 100 多项合作文件，实现了 50 多种农产品食品检疫准入，农产品通关时间缩短了 90%。第三，贸易合作机制建设的进展显著。建成了包括多边和双边贸易合作机制、次区域合作、经济走廊、产业园区、政策对接和博览会等多元合作机制。第四，创新贸易方式,推动跨境电子商务等新业态和新模式的发展。中国与 17 个国家建设了双边电子商务合作机制,在金砖国家等多边机制下形成了电子商务合作文件,“丝路电商”合作不断发展。第五,中国扩大对外开放和主动扩大进口,为贸易畅通的发展贡献了力量。内容包括自由贸易试验区和自由贸易港的建设,上海进口贸易博览会的举办,以及多轮及多层次关税水平的下降,平均关税水平从加入 WTO 时的 15.3% 下降了一半以上。2020 年 11 月 15 日,《区域全面经济伙伴关系协定》(RCEP)正式签署,反映了“一带一路”倡议的影响带动下,中国对外经贸关系实现了长足发展。中国同“一带一路”沿线国家贸易畅通的建设取得显著的成效,为沿线国家的经济发展注入了活力,为全球化发展提供新的动力。

4. 资金融通

资金融通是“一带一路”建设过程中最重要的物质基础,中国政府采取多种手段,不遗余力地促进资金融通,向沿线国家和地区提供更多、更直接的金融支持:我国积极推动与沿线国家银行和国际金融机构开展跨境金融合作,强化金融要素跨境流动匹配,拓宽双边资本融通渠道,同多个国外金融机构达成合作意向,共同加大对基础设施和互联互通项目的支持力度。中国进出口银行同联合国工业发展组织共同签订声明,促进沿线国家工业发展规划、基础设施升级改造、工业园区建设等方面发展,提升国家整体工业化水平。亚洲基础设施投资银行成立至今成员数量增至 103 个,在支持“一带一路”沿线各个国家和地区解决设施建设、贸易投资、产能合作上的资金“瓶颈”问题贡献突出。与此同时,中国国内金融机构也积极走出去,拓宽投融资平台,如中国与奥地利等国签署的“一带一路”银行合作行动计划、中国银行与菲律宾相关部门共同签署《促进中菲中小企业跨境贸易与投资战略合作协议》等 8 份合作文件。2016 年 10 月 1 日，人民币正式成为国际权威机构认可的国际储备货币。“走出去”后，随着人民币离岸市场的规模不断扩大，人民币跨境业务的种类更加丰富，有利于更好地服务“一带一路”建设。反过来，“一带一路”也是人民币走向国际市场的重要载体。如果“一带一路”沿线国家与中国进出口贸易能够大量使用人民币计价结算，那么人民币在全球贸易中的结算份额将大幅提高。

5. 民心相通

千百年来，民心相通一直贯穿在各个国家和地区的丝路历史记忆中。“一带一路”建设要充分发扬民心相通的传统性，让历史的记忆在今天重现。因沿线国家的人口数量庞大，约达到数十亿人口，各国历史传统差异巨大，社会制度各不相同，所以要重新打通多元文明沟通的无形通道，需要坚定的恒心与不懈的努力。一方面，加强人文交流以促进民心相通。“一带一路”是在保护世界文化多样性、尊重各国加强文化自信的需求的前提下加强各国之间联系的交流沟通，其途径是开展多种形式的文化交流，如“一带一路中华文化走出去全球艺术巡展”，使《千佛图》《大美秦岭》等一系列艺术作品走向世界，使中国文化的魅力真正感染了沿线各族人民。又如开设国际学校，如天津中德应用技术大学作为留学生学历教育的职业院校，其生源大多数来自“一带一路”沿线国家，学生可以亲身体验中华文化的浓厚氛围，学习到的技能还可直接在“一带一路”项目上得以施展。另一方面，通过开展对外援助促进民心相通。2017 年 5 月，在“一带一路”国际合作高峰论坛上，为第一时间缓解食品短缺、逐步提高农业生产水平作出努力和贡献，中国向沿线国家提供价值 20 亿元人民币的粮食援助，帮助改善当地人民大众的生活，从心出发、急人民之所急，促进民心相通。又如，中国向沿线国家和地区提供“丝绸之路”奖学金名额，用来鼓励学生、学者来中国交流学习和研究。此外，以统战力量促进民心相通。统一战线是中国共产党走向胜利的法宝之一，也是实现民心相通的基本方法。历史无数次地印证，海外华人的爱国热情从未泯灭，总是在国家发展的危难之际伸出援手，和平年代他们寄望于一个强大的中国和世界的和平发展，从这一点出发，海外华人是中国同沿线各个国家和地区民心相通的纽带，因此要与这一群体达成促进“一带一路”的共识，利用其在海外的影响力促进“一带一路”建设。总而言之，中国与沿线各国要努力在文化交流互鉴中促进民心相通，在互帮互助中实现理解和互信。

（三）“一带一路”建设的重要意义

从国内到国际，建设“一带一路”是拓宽我国经济社会发展空间的重要举措，是提升国家软实力的重要手段，是有利于维护世界和平、促进共同发展的全球公共产品。

1.“一带一路”是拓宽我国经济社会发展空间的重要举措

当前，世界经济复苏乏力，贸易保护主义抬头，我国经济发展正处于新常态背景下经济结构调整的关键时期，受新冠疫情影响，许多行业遭受冲击，实现经济的全面复苏任重道远。新冠疫情开始至今，以习近平同志为核心的党中央团结带领全国各族人民，经受住了经济社会发展的重大考验，勤劳勇敢、百折不挠的中国人民围绕总书记提出的“六稳”思想，已经做好了应对各种复杂困难局面的准备。在各国实体经济受新冠疫情冲击陷入衰退的情况下，中国复工复产给世界带来希望，而“一带一路”合作框架和模式将有助于挖掘新的发展契机，推进形成相关国家优势互补的新局面，并且拓宽我国经济社会发展的新空间，为经济复苏注入活力。

2.“一带一路”是提升国家软实力的重要手段

近年来,随着我国综合国力的稳步提高,中国与外部世界的关系进入新一轮磨合期,我国面临着经济转型发展和软实力提升的双重考验。“一带一路”倡议向世界证明中国把对世界的关切和中国的发展联系起来,向世界人民提供机遇,“一带一路”倡议涉及的合作项目、工程建设、文化交流活动,取得的成果举世共睹,以鲜活的实例向世界宣告,“中国的发展,是世界和平力量的壮大,是传递友谊的正能量”,“一带一路”倡议在经济、文化、卫生、环保等多个领域的丰硕成果有力回击了部分国家别有用心的不实指责,提升和维护了国家软实力和国家形象。

3.“一带一路”是推动完善全球治理变革的可持续的公共产品

当前,从国际条件来看,一方面,和平与发展的时代主题浩浩荡荡不可阻挡;另一方面,世界经济进入深度调整期,全球治理机制有待进一步完善。“一带一路”已经走过了 9 个年头,截至 2021 年 11 月 20 日,中国已与 141 个国家和 32 个国际组织签署了 206 份共建“一带一路”合作文件。凭借文明的沟通方式和可持续的发展理念,“一带一路”已经形成一种品牌效应,特别是在应对全球挑战方面展示出强大生命力。从发出倡议到具体运作,在经济上,“一带一路”为亚洲和欧亚大陆上的广大发展中国家经济发展带来新机遇,为世界经济复苏注入新动力;在全球治理上,“一带一路”以区域经济一体化为牵引维护世界和平、促进文明对话、实现共同发展。面对新冠疫情导致的全球公共卫生危机,各方保持定力、稳步推进“一带一路”项目建设的同时,在分享抗疫信息和技术创新成果方面取得了突出的成就,携手打造的“健康丝绸之路”、构建人类命运共同体理念更深入人心。

总而言之,党的十八大以来,习近平总书记把脉世界政治经济走势,研判我国经济社会发展新的阶段性特征,坚持马克思恩格斯唯物史观的立场、观点和方法,继承马克思恩格斯的全球化理论、共同体理论、民族交往理论等,以问诊全球现代性问题、解决我国经济社会发展中的突出问题为导向,通过新时代中国特色社会主义的伟大实践推动理论创新,形成了“一带一路”倡议的系列论述,阐明了“一带一路”倡议的本质意蕴、主要内容和重要意义,是马克思主义中国化最新理论成果,对新常态下推动我国经济社会转型发展、提升国家软实力和国家形象、维护世界和平和促进共同发展,具有重要意义。

二、甘肃省强化“一带一路”通道枢纽地位的政策依据

从国家高屋建瓴对西北地区融入“一带一路”进行顶层设计,到甘肃省地方配套政策的有力衔接,一系列政策、方案、规划、意见出台,甘肃省共建“一带一路”总体布局越来越明晰、成果越来越丰硕、步伐越来越稳健。

(一)国家顶层设计

2015 年 3 月国家发改委、外交部、商务部联合发布了《推动共建丝绸之路经济带和 21 世纪海上丝绸之路的愿景与行动》。从酝酿到发起再到广泛倡议,“一带一路”建设的宣传推动已进入具体实施阶段。该文件就“一带一路”提出以来的关键问题一一予以解答,包括为什么提出“一带一路”,即促进区域合作、促成沿线各国战略对接、推动中国深度融入世界;“一带一路”是什么,主要是指“一带一路”重点合作方向上的跨国大通道和经济走廊以及由此促进的国际合作;怎样建设“一带一路”,即畅通政策、设施、贸易、资金、民心五个领域。该文件最后总结了倡议提出以来取得的成果,

如签署合作框架、推动项目建设和政策措施完善，以及进一步推动落实的方法，包括制定时间表路线图、推进示范项目建设、促进理解与认同等。该文件将“一带一路”倡议提出以来千头万绪的工作梳理清楚并做好行动计划，是甘肃省建设“一带一路”的根本遵循。2016 年 6 月，在中、俄、蒙三国元首的共同见证下，三方联合签署了首个共建“一带一路”框架下经济走廊规划纲要。2018 年恰逢“一带一路”5 周年，习近平总书记在当年 8 月举行的推进“一带一路”建设工作 5 周年座谈会上提出了推进“一带一路”建设要从“大写意”转入“工笔画”的构想，推进“一带一路”转向高质量发展阶段，尽最大可能把福祉带给沿线国家和地区的人民，从而为建设人类命运共同体打下坚实的基础。为了积极促进枢纽通道建设，国家发改委于 2018 年 12 月发布了国家层面的交通物流枢纽总体布局和建设整体规划，详细划分了我国交通物流枢纽种类（港口、陆港、空港、商贸服务、生产服务、陆上边境口岸 6 种类型），并确定了 127 个已有一定基础条件的城市着力打造全国交通物流枢纽，初步规划了 212 个国家级节点，提出国家物流枢纽资源整合工程、国家物流枢纽服务能力提升工程、国家物流枢纽创新驱动工程等措施。2019 年 8 月，国家发改委印发《西部陆海新通道总体规划》，提出要深化陆海双向开放，充分发挥西部地区连接“一带”和“一路”的纽带作用，推动经济高质量发展，连通兰州、西宁、乌鲁木齐、西安、银川等西北重要城市，建成经济、高效、便捷、绿色、安全的西部陆海新通道。2019 年 9 月国家发改委、交通运输部联合印发的《关于做好 2019 年国家物流枢纽建设工作的通知》将 23 个物流枢纽纳入 2019 年国家物流枢纽建设名单（见表 1 - 1），范围与类型覆盖全面，区域与类型分布均衡。为创造更优的营商环境，各地简化行政审批流程，压缩通关时间，提高通关效率。如西安市先后取消下放

452 项审批事项，向自贸区下放 103 项行政审批事项，努力构建法治化、国际化、便利化，审批最少、流程最短、成本最低、服务最好、诚信最优的营商环境。重庆市将行政审批环节由线下变为线上，由多门变为一门，由多窗变为一窗，实行三色管理。海关方面，坚持 7×24 小时全天候通关作业，对进出境中欧班列实行随到随验。同时，结合企业实际需求，量身定制便利化监管方案；一般项目检验实行查检合一和并批检验，大幅减少抽检数量，提升检验监管效率，缩短通关时间；安全性能检验实施第三方采信制度，保障车辆性能符合国家标准，合理调配现场监管资源，做到“优先办理，优先验放，优先出区”，满足企业进口整车快速投放市场的需求。

表 1－1　2019 年国家物流枢纽建设名单

所在地	国家物流枢纽名称
天津市	天津港口型国家物流枢纽
山西省	太原陆港型（生产服务型）国家物流枢纽
内蒙古自治区	乌兰察布—二连浩特陆港型（陆上边境口岸型）国家物流枢纽
辽宁省	营口港口型国家物流枢纽
上海市	上海商贸服务型国家物流枢纽
江苏省	南京港口型（生产服务型）国家物流枢纽
浙江省	金华（义乌）商贸服务型国家物流枢纽
江西省	赣州商贸服务型国家物流枢纽
山东省	临沂商贸服务型国家物流枢纽
河南省	郑州空港型国家物流枢纽
湖北省	宜昌港口型国家物流枢纽
湖南省	长沙陆港型国家物流枢纽
广东省	广州港口型国家物流枢纽
广西壮族自治区	南宁陆港型国家物流枢纽

续表

所在地	国家物流枢纽名称
重庆市	重庆港口型国家物流枢纽
四川省	成都陆港型国家物流枢纽
陕西省	西安陆港型国家物流枢纽
甘肃省	兰州陆港型国家物流枢纽
新疆维吾尔自治区	乌鲁木齐陆港型国家物流枢纽
宁波市、舟山市	宁波—舟山港口型国家物流枢纽
厦门市	厦门港口型国家物流枢纽
青岛市	青岛生产服务型(港口型)国家物流枢纽
深圳市	深圳商贸服务型国家物流枢纽

2020年5月,中共中央、国务院印发《关于新时代推进西部大开发形成新格局的指导意见》,提出通过“积极参与和融入‘一带一路’建设”“强化开放大通道建设”“构建内陆多层次开放平台”“加快沿边地区开放发展”“发展高水平开放型经济”“拓展区际互动合作”,实现“以共建‘一带一路’为引领,加大西部开放力度”。

2020年10月,中国共产党第十九届中央委员会第五次全体会议通过《中共中央关于制定国民经济和社会发展第十四个五年规划和二〇三五年远景目标的建议》,提出推动共建“一带一路”高质量发展。坚持共商共建共享原则,秉持绿色、开放、廉洁理念,深化务实合作,加强安全保障,促进共同发展。推进基础设施互联互通,拓展第三方市场合作。构筑互利共赢的产业链供应链合作体系,深化国际产能合作,扩大双向贸易和投资。坚持以企业为主体,以市场为导向,遵循国际惯例和债务可持续原则,健全多元化投融资体系。推进战略、规划、机制对接,加强政策、规则、标准联通。深化公共卫生、数字经济、绿色发展、科技教育合作,促进人文交流。

2020 年 11 月，国务院办公厅印发《关于推进对外贸易创新发展的实施意见》，提出推进贸易畅通工作机制建设。落实好已签署的共建“一带一路”合作文件，大力推动与重点市场国家特别是共建“一带一路”国家商建贸易畅通工作组、电子商务合作机制、贸易救济合作机制，推动解决双边贸易领域突出问题。

2021 年 2 月，国务院办公厅印发《关于加快建立健全绿色低碳循环发展经济体系的指导意见》，提出建立绿色贸易体系，积极优化贸易结构，大力发展高质量、高附加值的绿色产品贸易，从严控制高污染、高耗能产品出口。加强绿色标准国际合作，积极引领和参与相关国际标准制定，推动合格评定合作和互认机制，做好绿色贸易规则与进出口政策的衔接。深化绿色“一带一路”合作，拓宽节能环保、清洁能源等领域技术装备和服务合作。

2021 年 6 月，商务部印发《“十四五”商务发展规划》，提出“十四五”时期商务发展目标，即建设强大国内市场取得新成效、推动高水平开放迈出新步伐、参与全球经济治理彰显新担当、防范化解风险能力得到新提升。该规划提出，要围绕国内国际两个大局，统筹商务发展和安全，促进形成强大国内市场，推动高水平对外开放，积极参与全球经济治理体系改革，加快建设商务高质量发展体系，更好服务构建新发展格局，为全面建设社会主义现代化国家开好局、起好步作出新贡献。

2021 年 7 月，国务院办公厅印发《关于加快发展外贸新业态新模式的意见》，提出深化国际交流合作。积极参与世贸组织、万国邮联等多双边谈判，推动形成电子签名、电子合同、电子单证等方面的国际标准。加强知识产权保护、跨国物流等领域国际合作，参与外贸新业态新模式的国际规则和标准制定。加强与有关国家在相关领域政府间合作，推动双向开放。大力发展丝路电商，加强

“一带一路”经贸合作。推动我国外贸新业态新模式与国外流通业衔接连通。鼓励各地方、各试点单位、各企业开展国际交流合作。

（二）地方政策文件

“一带一路”提出伊始，甘肃省省委、省政府立即委托国务院发展研究中心就甘肃省有效参与丝绸之路经济带建设进行战略规划。2014 年，甘肃省省委、省政府主要领导牵头，成立了能源资源合作、人文交流、产业合作、经贸合作、基础设施互联互通、国家生态安全等 6 个专门的课题调研组，在深入调研、充分论证的基础上撰写了相关调研报告，最终推出了《“丝绸之路经济带”甘肃段建设总体方案》（以下简称《甘肃段建设总体方案》），突出了丝绸之路经济带甘肃黄金段建设的“一大主题、三大平台、六大工程、八大节点、五大目标”，形成了“13685”的总体布局与行动框架，在甘肃省也被称为“13685”战略工程。这既是甘肃省积极响应国家“一带一路”的行动蓝图，更是甘肃省全面深化改革，有效促进甘肃省大开放、大开发、大改革的战略抓手。

《甘肃段建设总体方案》提出，要充分发挥甘肃省的地理区位、历史文化、资源能源和产业基础等优势，紧紧围绕建设“丝绸之路经济带”甘肃黄金段，着力构建兰州新区、敦煌国际文化旅游名城和“中国丝绸之路博览会”三大战略平台，重点推进道路互联互通、经贸技术交流、产业对接合作、经济新增长极、人文交流合作、战略平台建设六大工程，进一步提升兰（州）白（银）、酒（泉）嘉（峪关）、金（昌）武（威）、平（凉）庆（阳）、天水、定西、张掖、敦煌等重要节点城市的支撑能力，努力把甘肃省建设成为丝绸之路的黄金通道、向西开放的战略平台、经贸物流的区域中心、产业合作的示范基地、人文交流的桥梁纽带，为实现中华民族的伟大复兴作出积极贡献。

《甘肃段建设总体方案》提出，按照 2～3 年打基础、攻难点的目标，努力使甘肃省对外开放的渠道不断拓展，与丝绸之路沿线国家经贸合作进一步加强，资源开发、装备制造、新能源、特色农产品加工等产业合作取得新进展，实现向中西亚进出口额占甘肃省进出口总值的 20% 以上，直接投资、开展承包工程和外派劳务年均增长 10% 以上的目标；建立一批中外友好城市和驻外办事机构，与中西亚国家互利共赢、合作发展的机制初步形成，甘肃省在“丝绸之路经济带”建设中的地位进一步提升。

《甘肃段建设总体方案》提出，将用足用好国家支持甘肃省兰州新区和循环经济示范区、华夏文明传承创新区、生态安全屏障综合试验区建设的各项政策。认真落实国家支持“丝绸之路经济带”建设的政策，通过国有资本金注入、投资补助、贷款贴息等方式，支持重大基础设施、能源资源开发利用、产业核心技术研发、战略合作平台建设。同时，进一步精简行政审批事项，改革企业赴国外开展商务活动审批，简化出入境人员审批手续，缩短审批时间。甘肃省将成立省“丝绸之路经济带”甘肃段建设领导小组，加强省级统筹协调指导，推进国家战略规划和甘肃省总体方案的实施。

2015 年，国家正式出台了《推动共建丝绸之路经济带和 21 世纪海上丝绸之路的愿景与行动》，明确提出了六大经济走廊和海上战略支点建设的战略布局，突出了节点城市、能源资源区块与重点经贸产业园区建设的战略思路，形成了“支点（沿线中心城市）—平台（能源资源区块、重点经贸产业园区）—走廊（新亚欧大陆桥经济走廊、中蒙俄经济走廊、中国—中亚—西亚经济走廊、中国—中南半岛经济走廊、中巴经济走廊、孟中印缅经济走廊）”的逻辑发展骨架，使“一带一路”从构想转化为实实在在的经贸进程，实现了由点到线、由线到面的稳步推进。这给参与“一带一路”建设的各省一个重要启示，就是"一带一路"建设不能关起门来自娱自乐，而是要有重点、有抓手、有步骤地循序渐进，实现改革与开放的相互促进、相互推动。国家战略规划对甘肃省在内的西北省份明确提出了"战略通道、商贸物流枢纽、重要产业和人文交流基地"的战略定位。因此，甘肃省的当务之急就是要积极推进《甘肃段建设总体方案》与国家战略规划的充分衔接与实质对接，在全面实施"13685"战略工程的同时，重点突出"战略通道、商贸物流枢纽、重要产业和人文交流基地"的战略目标，采取"四个强化"的重点改革举措，把甘肃黄金段建立在坚实的基础之上。

第一，强化战略通道建设。一要积极推动对内对外合作开放战略新通道的建设，加强"通路、通航、通商"等甘肃黄金段建设的战略基础，把甘肃省打造成为面向丝路沿线省份和沿线国家的综合交通枢纽。二要积极打造虚拟化的网上丝绸之路，依托网络平台发展面向中西亚、俄欧的互联网电子商务中心，并结合正在到来的"工业4.0"革命机遇，有效提升甘肃省参与丝绸之路经济带网上通道与平台的建设。三要加快资源能源通道建设，这既是我国所需，也是甘肃省推进与丝路沿线国家产业合作的基础，中亚、西亚，包括俄罗斯能源资源富集，甘肃省作为这些资源能源进出中国的主要通道，要做好与丝路沿线国家能源资源合作共享的文章。

第二，强化商贸物流枢纽建设。一方面，要依托铁路、公路、航空港建设，加强物流中心城市建设，有意识地打造和提升以兰州、武威、天水、庆阳、敦煌等城市为重要节点的物流集散中心，加强与丝路沿线国家、与全国兄弟省市物流网络的连接与协作，对内构建甘川渝、兰西拉、甘宁蒙、甘陕宁等物流通道，对外形成丝路沿线国家商贸物流集散中心；另一方面，要积极推动政府管理及对外投融资体制改革，全面落实上海自贸区所创造的可复制、可推广的开放经验，通过高效有序的全面改革，在充分发挥好武威保税物流中心和兰州新区综合保税区平台作用的基础上，加快中国（兰州）自由贸易园区的创设进程，为全面推进商贸物流枢纽建设创造更好的条件和环境。

第三，强化重要产业基地，特别是强化重点经贸产业园区建设。甘肃省是我国西部重要的工业核心区、能源原材料工业基地、特色农产品基地，具备与丝路沿线国家共同创办重点经贸产业园区的产业基础，特别是在有色冶金、装备制造、现代农业、民族用品等产业领域要深化改革、大胆探索、积极作为、实现共赢。在有色冶金产业领域，要针对甘肃省矿产品进口值占全省进口总值的比重为77.3%的现状，瞄准中西亚国家资源能源富集的可合作方向，通过资源勘探、矿山开发、输出有色冶金成套设备和核心技术，对外创设经贸产业园区，探索全产业链深度合作的可行性；在装备制造业产业领域，要把甘肃省打造成丝路装备制造业基地，并推动装备制造优势企业在境外合作建设生产销售基地，提高装备制造业与丝路沿线国家产品出口和技术合作渠道和空间；在现代农业产业领域，要建立面向中西亚、俄欧国家特色优势农产品加工出口基地，在中西亚、俄欧国家投资建设生产加工基地和现代农业产业示范园；在民族用品产业领域，要深入总结临夏州打造“中国（临夏）—马来西亚（吉兰丹州）清真民族用品和食品交流会”的成功经验和平台效应，深入挖掘民族工艺品、清真食品、中藏药等产品出口潜力，建设面向南亚、中西亚等丝路沿线国家的生产加工基地和出口中心。

第四，强化人文交流基地建设。甘肃省是华夏文明和中华民族的重要发祥地，是中华民族重要的文化资源宝库，也是丝绸之路历史上文明融合最为深广、文化交流最为充分、人文精神最为富集的地区，要充分发挥国家批准建设的华夏文明传承创新区平台优势，把华夏文明传承创新区在丝绸之路文化主题下的建设成果作为丝绸之路人文交流合作的重要支撑，推动丝绸之路沿线国家在文物保护、文明传承等领域的学术交流和技术合作，促进区域联动打造丝绸之路文化旅游共同体，加强与丝绸之路沿线国家的文化产业合作和产品贸易，实施一批教育、文化、旅游等人文交流合作项目，特别是要办好已纳入国家“一带一路”规划框架之中的“丝绸之路（敦煌）国际文化博览会”，积极努力、创造性地建设好这个文化交流与合作平台，充分发挥敦煌在丝绸之路经济带建设中的独特地位与特殊价值，将甘肃真正打造成中国直接面向中西亚，有效对接俄欧的人文交流基地。为积极响应国家“一带一路”倡议，甘肃省政府制定了一系列政策以推动枢纽制高点建设。2015 年 3 月，按照中央赋予甘肃省对外开放的战略定位，甘肃省省委、省政府制定出台了《丝绸之路经济带甘肃段“6873”交通突破行动实施方案》（已失效），抢抓国家“一带一路”重大机遇，提出了全省丝绸之路经济带建设的发展目标、战略布局、重点任务和项目清单。

为支撑枢纽制高点建设，甘肃省出台《甘肃省“十三五”物流业发展规划》等一系列政策措施。2018 年，甘肃省人民政府先后发布《甘肃省人民政府关于加快发展现代商贸物流业的意见》和《甘肃省通道物流产业发展专项行动计划》，提出要抢占“一带一路”建设通道制高点，促进经济发展质量变革、效率变革、动力变革，加快建设丝绸之路物流通道及跨境贸易枢纽。2019 年 8 月，甘肃省第十三届省政府第六十二次常务会议审议通过《新时代甘肃融入“一带一路”抢占“五个制高点”规划》，明确甘肃省要积极融入“一带一路”建设，抢占文化、技术、信息、枢纽、生态“五个制高点”，重塑经济发展新优势，蹚出一条内陆欠发达地区经济转型升级的新路子。2019 年 11 月，《新时代甘肃融入“一带一路”建设打造枢纽制高点实施方案》提出，甘肃省要着力打造以兰州为中心，辐射西北、沟通西南、连接中西亚、连通东南亚的“一带一路”西北陆海联动枢纽，构建通道物流产业高质量发展的枢纽经济体系。

表 1－2　甘肃省政府关于支持“一带一路”枢纽制高点建设文件

发布时间	文件名称	来源
2015.3	《丝绸之路经济带甘肃段“6873”交通突破行动实施方案》（已失效）	甘肃省人民政府
2017.1	《甘肃省“十三五”综合交通发展规划》	甘肃省人民政府办公厅
2017.12	《甘肃省人民政府办公厅关于进一步推进物流降本增效促进实体经济发展的实施意见》	甘肃省人民政府办公厅
2018.1	《甘肃省人民政府办公厅关于积极推进供应链创新与应用的实施意见》	甘肃省人民政府办公厅
2018.5	《甘肃省人民政府关于加快发展现代商贸物流业的意见》	甘肃省人民政府
2018.5	《甘肃省通道物流产业发展专项行动计划》	甘肃省人民政府办公厅
2018.12	《甘肃省推进运输结构调整三年行动计划实施方案（2018—2020 年）》	甘肃省人民政府办公厅
2019.8	《新时代甘肃融入“一带一路”抢占“五个制高点”规划》	第十三届省政府第六十二次常务会议
2019.11	《新时代甘肃融入“一带一路”建设打造枢纽制高点实施方案》	甘肃省人民政府办公厅
2019.12	《新时代甘肃融入“一带一路”建设打造文化制高点实施方案》	甘肃省人民政府办公厅

续表

发布时间	文件名称	来源
2020.5	《甘肃省人民政府办公厅关于推进丝绸之路国际知识产权港建设的意见》	甘肃省人民政府办公厅
2020.7	《中共甘肃省委、甘肃省人民政府贯彻落实中央关于新时代推进西部大开发形成新格局决策部署的实施意见》	甘肃省省委、省政府
2020.7	《中国(天水)跨境电子商务综合试验区实施方案》	甘肃省人民政府办公厅
2020.8	《关于支持大敦煌文化旅游经济圈建设的若干意见》	甘肃省人民政府办公厅
2020.9	《甘肃省“上云用数赋智”行动方案(2020—2025年)》	甘肃省人民政府办公厅
2021.2	《甘肃省国民经济和社会发展第十四个五年规划和二〇三五年远景目标纲要》	甘肃省人民政府
2021.9	《甘肃省“十四五”综合交通运输体系发展规划》	甘肃省人民政府办公厅
2021.9	《甘肃省“十四五”数字经济创新发展规划》	甘肃省人民政府办公厅
2021.10	《甘肃省“十四五”市场体系建设规划》	甘肃省人民政府办公厅
2021.10	《甘肃省“十四五”科技创新规划》	甘肃省人民政府办公厅
2021.10	《交通强国甘肃方案》	甘肃省省委、省政府
2021.10	《“十四五”河西走廊经济带发展规划》	甘肃省人民政府办公厅
2021.10	《“十四五”陇东南区域发展规划》	甘肃省人民政府办公厅

三、甘肃省强化“一带一路”通道枢纽地位的深厚根基

甘肃是古代丝绸之路连接西域和中原的重要地区,位于我国地理位置中心,向西连接中亚、西亚、中东欧市场,向南可与我国西南地区和东南亚国家联系。实施“一带一路”倡议为加速推进甘肃省开放型经济发展路径提供了新的重大机遇。在共建共享大背景下,甘肃省迎来了新时代转型升级实现高质量发展的宝贵历史机遇。为全面落实习近平总书记考察甘肃和“两会”期间在甘肃代表团的重要讲话精神,以习近平总书记视察甘肃时讲过的“八个着力”和“一带一路”建设是甘肃面临的最大机遇的重要指示精神为指导,提出了打造文化、枢纽、技术、信息、生态“五个制高点”,这是精准对接国家开放之需、紧密结合甘肃发展之实的重要举措,主要目的就是要突出资源优势、放大区位优势、培育产业优势,走一条开放包容、绿色崛起的高质量发展之路。

“丝绸之路三千里,华夏文明八千年”,这是甘肃地理历史特点的集中概括。甘肃,自张骞出使西域,就是丝绸之路的黄金通道和战略要地。古丝绸之路在甘肃境内横贯东西1600多千米,作为我国向西开放的咽喉要道和商埠重地,武威、张掖、酒泉、嘉峪关、敦煌等丝绸之路节点城市,都曾创造了光彩夺目的辉煌历史。清人顾祖禹在《读史方舆纪要》中指出关陇地区“据天下之上游,制天下之命”,这既点出了甘肃在中国地理位置中的独特性,也强调了关陇地区经济社会繁荣对全国的重要意义。

从我国建设历程来看,甘肃一直被作为我国经营西北、向西发展的重要战略基地。在“三线建设”时期,全国156项重大工程项目,就有16项被布局甘肃,依托实际到位的14项工程,将极端贫困落后的甘肃建成了全国最重要的石油化工、有色冶金、装备制造、

航空航天、军工生产、能源资源基地，打造了兰州、玉门、嘉峪关、金昌、白银、天水等一大批在我国建设史上光彩夺目的工业重镇，为甘肃奠定了雄厚的工业基础；在基础设施建设方面，依托陇海线、兰新线形成了以兰州铁路局管辖西北铁路交通的历史格局，突出了甘肃在向西发展中的交通战略地位。这一切使我国做强了甘肃、稳定了西北并向西发展。

在改革开放的历史进程中，甘肃同样分享了改革开放所带来的发展红利，但开放度不足、开发乏力、改革缺乏有效突破，仍是影响甘肃经济社会跨越式发展的重要因素。借助西部大开发所形成的开发动力，乘着丝绸之路经济带建设所带来的开放机遇，甘肃省委省政府作出了全面深化改革与向西开放丝绸之路经济带建设有机融合的改革决策。依托改革抢抓开放机遇，通过开放创造改革辉煌，正在成为甘肃人民参与丝绸之路经济带建设的战略共识。

作为参与丝绸之路经济带建设的主要省份，甘肃省的优势主要集中在以下六个方面：一是区位优势，特别是交通位置独一无二；二是工业优势，甘肃是国家政策重点支持的国家级新能源基地、有色冶金新材料基地、特色农产品生产与加工基地；三是文化旅游优势，甘肃拥有丝绸之路最璀璨的文化旅游明珠——敦煌；四是民族优势，有汉、回、藏、维、蒙等 55 个民族在此文化共融、和谐共处，甘肃临夏有中国“小麦加”之称；五是后发优势，甘肃正在实现后发赶超，各种基础设施有望后来居上；六是政策优势，兰州新区是承担向西开放任务的国家级新区。这些优势与丝绸之路沿线其他省份相比很有竞争力，正在成为甘肃参与丝绸之路经济带建设的强大支撑。1935 年，我国著名地理学家胡焕庸先生从黑龙江的黑河到云南的腾冲划出了一条著名的“胡焕庸线”，这条倾斜 45 度的直线下方人口密集、城镇星罗棋布、工业发达，是我国的东部与南方；而线的上方人烟稀少、农牧为主、发展滞后。经过近几十年的发展，学者们观察发现“胡焕庸线”正在逐步向上方平移，而目前的焦点正好在兰州附近，这也表明甘肃正在崛起。当然，甘肃也有自身的劣势，而且相当明显，如基础设施建设相对滞后、节点城市支撑能力不强、生态环境承载能力较弱、开放度不高、经济实力薄弱、贫困问题仍然突出等，这些劣势和不足使甘肃在实际推动丝绸之路经济带建设方面面临着巨大的压力与挑战。

现在，在“丝绸之路经济带”的建设中，国家赋予甘肃构建我国向西开放的重要门户和次区域合作基地的定位，甘肃再次站在向西开放的前沿地带。甘肃省省委、省政府审时度势，明确提出了打造丝绸之路经济带甘肃黄金段的战略决策，我们有信心积极抢抓战略机遇、转化各种不利因素和挑战，将甘肃打造成向西开放的战略平台，使甘肃黄金段从历史辉煌走向未来现实。我们也充分认识到，甘肃黄金段的建设，既要脚踏实地地抓好“黄金通道”的基础设施，在铁路、公路、航空立体化交通网络建设中形成对外开放新优势，打造面向中西亚、欧洲、俄罗斯的国际交通大枢纽；又要将“黄金”两字落实到现代产业平台、能源资源、文化旅游、商贸物流等的国际化建设与发展上，通过全面系统的体制机制改革，紧扣习近平总书记有关丝路“五通”的总体要求，弘扬丝路精神，展现新时代甘肃黄金段的新魅力、新内涵、新成就。“一带一路”甘肃枢纽制高点的建设与发展，是甘肃省推动共建“一带一路”倡议中实现全方位开放的战略需求。枢纽制高点的建设是对“一带一路”建设、中新南向通道和西部陆海新通道等重大战略的有力支撑。要凝聚要素，发挥枢纽功能，提升区域经济发展水平，就必须重新梳理甘肃在“一带一路”建设中独有的优势，这是打造枢纽制高点的前提和必要条件，也是甘肃省抢抓“一带一路”建设机遇的理论基础。

（一）跳出甘肃看甘肃的区位优势

1. 从外层空间看甘肃：一条通道连东西，具有“西进南出”的优势

200多年前，“海权论”的倡导者美国军事理论家马汉提出，“海洋是世界中心，争夺海上主导权对于主宰国家乃至世界命运都会起到决定性作用”①，“海权可以被看作通过控制海洋而充分获得一切关于海洋及其陆地资源的力量”。“海权”这个概念由此而生，马汉的这一论述很大程度上拓展了海权的内涵和外延。从这里可以看出，海权不仅包括对海洋的控制能力，而且包括对其相邻陆地的控制力与影响力。从外层空间看地球，浩瀚星空，璀璨地球，海洋是中心，大陆是边缘；谁控制了海洋谁就扼住了人类发展的命门。海洋与大陆有一个联结通道，古丝绸之路正好扮演了联结通道的作用，具有联系海洋与陆地的咽喉作用。这条通道在甘肃境内有1600公里长，扼守了古丝绸之路的关键节点，使甘肃在古丝绸之路中发挥了联系海洋与陆地、联系欧亚大陆东与西的不可或缺的通道作用。过往的人类历史证明了一个道理：路通，则世界文明交往繁茂，世界和谐稳定繁荣；路不通，则世界战乱不已，人民多灾多难。

2. 从地球平面看甘肃：一条扁担挑欧亚，具有“扁担赶海”优势

100多年前，著名英国地缘政治学家麦金德提出“路权论”，认为欧亚大陆之所以能成为“心脏地带”，是有其战略核心意义与基础设施条件的②。从地球平面看地球，欧亚大陆处在世界陆地的中

① ［美］阿尔弗雷德·塞耶·马汉：《海权论》，一兵译，同心出版社2012年版，第23页。

② 参见［英］哈尔福德·麦金德：《历史的地理枢纽》，周定瑛译，陕西人民出版社2013年版，第47页。

心位置上，是世界陆地的世界岛，世界岛有两个支点：一个在东欧和俄罗斯西部，另一个在中亚和新疆。世界岛上有一条中轴线，过往的人类历史证明，谁能控制世界岛的中轴线，谁能盘活这条中轴线沿线国家和地区石油天然气等经济资源，谁就能牵动人类发展的神经，而把这两个支点联系在一起的正好是中国古丝绸之路的路经之地。甘肃正好处在世界岛中轴线自然延伸带上，这条延伸带更担负着把世界岛与海洋联结在一起的作用。延伸带若不通，则意味着中心与边缘，世界岛的两端无法衔接，中心是孤立的，中心也就不成中心了。甘肃正好处在中心与边缘地带的联结点上，担负着一条扁担挑欧亚的使命，从这个意义上来看，甘肃的区位重要性是不言而喻的。

从外层空间看地球，海洋是中心，陆地是边缘；从地球平面看地球，陆地是中心，海洋是边缘。无论从哪里看，都有一个中心与边缘联结的问题，也就是对接点在哪里，海洋与陆地是需要联结点的，需要通道才能对接在一起的，“一带一路”就是要解决海洋与陆地的联通问题。这个联结通道从人类过往的历史来看是古丝绸之路，今天的联结通道是“新丝绸之路经济带”与“21 世纪海上丝绸之路”。“一带一路”已不再是古丝绸之路的翻版，它有了更加丰富的时代内涵，但地理联结仍然是先决条件，而这个地理上的对接通道就在甘肃。

3. 从中国版图看甘肃：地处版图几何中心，“座中六联”区位枢纽优势凸显

甘肃地貌特征上犹如一个哑铃，东西两头深嵌于秦岭中原和新疆板块，南北对接青藏高原和内蒙古高原，联结内地、中亚、西亚和阿拉伯国家。正是甘肃这个通道把中华民族在地理版图上紧紧联系在一起，使中华民族像石榴果一样紧紧拥抱在一起。甘肃在

中华民族地理版图上的特殊重要性在于“座中六联”，放眼中华大地，只有甘肃才有这样的位置，这是自然历史形成的地理方位，独此一家。“一带一路”为甘肃发挥和放大“座中六联”的地理区位优势提供了千载难逢的历史机遇。

4. 从西北周边省份看甘肃：地处西北经济核心区，具有辐射带动优势

我国西北地区地域广阔，且人口密度较小，但拥有较长的国际边境线，这大大利于边境进出口贸易。甘肃省是典型的地广人稀的内陆地区。甘肃处在国家西北生态屏障保护祁连山核心区，地处游牧经济、农耕经济、绿洲经济、工业经济的地理交汇处，地处西北经济空间的中心区域，理应发挥西北经济核心区的功能和作用。这个核心区要发挥神经元的作用，发挥中心枢纽的作用，发挥辐射带动的最基本的职能。甘肃成为西北地区经济核心区的理由除了经济地理空间上居中之外，更是其周边陕西、青海、宁夏、新疆西出东进、南来北往的各种经济资源回旋同心圆空间的交汇中心枢纽。新疆人说，没有甘肃，新疆就是封闭的沙漠；西藏、青海人说，没有甘肃，西藏与青海就会被阻隔在青藏高原，成为被世界遗忘的角落；陕西人说，没有甘肃，陕西东西两翼就断了西翼，陕西也就没有了整体性，由此可见甘肃在西北区域的核心地位。

（二）立足自身看甘肃：除海洋生态与资源外，拥有发展现代经济的后发优势

甘肃地处中国西北腹地，位于黄河上游，向南毗邻四川，向北连接内蒙古、宁夏等地，向东与陕西接壤，向西与新疆、青海等地相连，而西北部又与蒙古国接壤。青藏高原、内蒙古高原、黄土高原在此交汇，甘肃省全境又贯穿了享誉世界的古丝绸之路和新亚欧

大陆桥,这使甘肃成为连通中亚、西亚和欧洲的重要纽带。尤其是省会兰州作为全国重要的交通枢纽城市,陇海、兰青、包兰、兰渝等铁路均交汇于此,既是国家石油天然气管道运输枢纽,又是西北重要的商贸中心。在中国人的传统观念中,甘肃往往成为大漠戈壁、骆驼风沙、荒凉贫困的代名词,荒芜苍凉、不毛之地是甘肃在外地人心目中的形象。这种传统错误观念误导了几百年来外地人对甘肃的认识,在信息闭塞、交通不便的时代,形成这样的认识也在所难免。在当代中国,甘肃要崛起发展,首先要颠覆传统的观念和认识,过去人们更多看到的是一些外在的现象,用现代观念看甘肃,甘肃除了缺乏海洋生态与资源之外,现代经济发展所需要的生态与自然资源甘肃都具备,我们目前尚未破解的问题是:这些丰富多样的资源中哪些是我们当下可以利用的,怎样利用既是有红利的,又是可持续的。

1. 资源禀赋优势——自然环境

甘肃省总土地面积为42.58万平方公里,东西长1655公里,南北宽530公里,地形呈狭长状,连接着三大高原和三大自然区域。地貌包括山地、沙漠、高原、河谷、隔壁、森林、草原等,复杂多样并类型齐全,大致可以分为河西走廊以北、祁连山脉、河西走廊、甘南高原、黄土高原和陇南山地。气候较为复杂多变,除陇南山区外多以干燥为主,属于温带季风型气候。根据甘肃省第九次森林资源普查,全省森林覆盖率约为11.33%。从资源禀赋看,甘肃是丝绸之路上重要的资源宝库,要为我国发掘经济增长动力发挥作用。“一带一路”沿线国家能源资源丰富、市场需求广阔、经济互补性强,是我国开拓市场空间、培育经济增长点的最佳战略选择。甘肃省有丰富的矿产资源,是我国能源和原材料重要基地,尤以石油、天然气、有色金属、稀有金属等矿产资源较为丰富。据不完全统计，到2017年年底甘肃省已发现的各类矿产共计119种，主要以非金属为主，其次是金属和能源矿产。根据2017年发布的全国矿产资源储存量占比排名统计，甘肃省矿产资源存储量居全国第一的有10种，位于前五位的有38种，进入前十位的有65种。全省已发现矿种占全国已发现矿种的75%，矿产资源储备和资源丰度居全国第五位，以能源资源为依托的工业体系比较完备，新能源装备制造、生物医药、新材料等战略性新兴产业发展势头强劲。我们要继续打“优势牌”，牵住能源资源开发和新兴产业合作发展的“牛鼻子”，加快“走出去”和“引进来”步伐，为我国开拓新兴市场作出贡献。

2. 特色产业优势

甘肃省全年光照充足且昼夜温差大，具备了发展优质高效特色农业的先天条件。甘肃省有驰名的特色农产品，道地农产品更是享誉世界，诸如啤酒原料、酿酒葡萄、马铃薯、瓜果蔬菜、橄榄油等特色农产品，市场前景好、潜力巨大。此外，甘肃还是全国中药材主要产区，盛产黄芪、党参、当归、大黄、甘草等。另外，甘肃近年来大力发展生态产业，包括节能环保、清洁能源、循环农业、文化旅游等。崛起了一批包括蓝白绿色生态产业示范区、榆中生态创新城、陇南绿色生态产业带、河西走廊绿色经济带在内的生态产业带。

3. 人文基础优势

甘肃打造丝路黄金段的底蕴深厚，要为我国寻求和搭建更多伙伴关系发挥作用。丝绸之路承载的“和平合作、开放包容、互学互鉴、互利共赢”精神，使沿线国家彼此能够找到共同的文化记忆，这是与沿线国家建立伙伴关系基础的因素。历史上，甘肃同中亚、西亚各国传统友谊悠久，人民之间交往频繁；改革开放以来，与各国交往渠道不断拓展。我们要继续加快推进华夏文明传承创新区建设，大力传承和弘扬丝路精神，着力建设“一带一路”人文交流合作示范基地，为巩固人缘相亲、深化合作伙伴关系奠定重要的人文基础。

4. 大通道大枢纽区位优势

甘肃省重点做好“设施建设对接、经济走廊对接、节点城市对接、人文交流对接”四篇大文章，初步建成内引外联、高效快捷的大通道，与沿线国家保持更加紧密的沟通联系。一是建设基础设施互联对接大通道。甘肃立足面向中西亚、服务中东部的功能定位，重点打造兰州、嘉峪关、敦煌三大国际空港和兰州、天水、武威三大国际陆港，相继开通多个国际货运班列以及前往南亚国家的公铁联运国际货运列车，开通至迪拜、法兰克福、莫斯科等的国际和地区航线 25 条。省域综合交通网络建设步伐加快，全省 14 个市州全部实现高速公路贯通，逐步建成“西扩”“东拓”的人流物流集散大枢纽。甘肃加快推进西气东输管线和中亚油气管道建设工作，努力打造陆上能源供应安全通道；建设面向中西亚、中东欧及蒙古国的通信枢纽和区域信息汇集中心，着力提升国际通信互联互通水平。二是建设国际经济走廊对接大通道。建设国际经济走廊是我国与沿线国家实现利益共享、共同发展的长期战略性目标。甘肃先后在白俄罗斯、伊朗、印度尼西亚等地设立了 9 个驻外商务代表处，与哈萨克斯坦、土耳其等 53 个境外商协会建立合作机制，初步建立新亚欧大陆、中蒙俄、中国—中亚—西亚等六大国际经济走廊交流合作窗口。随着国家“六廊六路”建设的深入推进，甘肃要进一步健全和释放六大合作窗口的功能作用，促进与更多国家发展战略实现精准对接，继续扩大口岸边境建设，深化与沿线国家的务实合作。三是建设重要节点城市对接大通道。甘肃重点加快兰白、平庆、天水、定西、金武、张掖、酒嘉、敦煌八大沿线节点城市建设，对外瞄准重点国别城市作为合作对象，让节点城市带头“走出去”；对内建设平台基地，让节点城市经济“舞动”起来。2014年以来，先后与沿线重点国别缔结友城22对，与12个沿线省区市组成丝绸之路旅游推广联盟，在新加坡、日本大阪、韩国首尔以及我国台湾地区、我国香港特别行政区设立5家旅游营销中心，提升各地在境外的知名度。今后，甘肃要加快节点城市外向型功能建设，充分发挥城市经济的辐射带动作用，逐步形成首尾相援、板块联动、组团发展的对外开放新局面。四是建设人文交流对接大通道。“一带一路”沿线各国经济发展水平参差不齐、政治生态迥异、利益诉求多元、国家间关系错综复杂，促进人文交流、推动民心相通是重要基础。甘肃坚持“亲、诚、惠、容”的理念，统筹开展不同层次、领域的人文交流活动，逐步形成官民并举、多方参与的人文交流格局。2016年9月，甘肃成功举办首届丝绸之路（敦煌）国际文化博览会，与沿线国家和国际组织签订18项战略合作协议。积极推动沿线国家开展教育合作平台建设，成立有126所国内外高校参加的“一带一路”高校战略联盟，在国外建立6所孔子学院。今后，甘肃要以办好永不落幕的敦煌文博会为牵引，为深化合作奠定坚实的民意基础；在中欧、中亚的向西开放的定位和中新互联互通项目南向通道的通道定位上，通过广西北部湾等沿海演变口岸，通达新加坡及东盟主要物流节点，辐射南亚、中东、大洋洲等区域；利用兰渝铁路及甘肃主要物流节点，联通中亚、南亚、欧洲等地区，通过国际合作打造有机衔接“一带一路”的复合型国际贸易物流通道。

四、甘肃省强化“一带一路”通道枢纽地位的作用和意义

甘肃省正处于打造枢纽制高点的窗口期。“一带一路”建设之

前，甘肃省拥有丝绸之路的通道优势，却未形成枢纽优势。随着深度融入“一带一路”，甘肃渐呈枢纽节点。一是枢纽聚集辐射的区位功能凸显。过去古丝绸之路使甘肃成为商贸流通的黄金通道，而现在国际陆海贸易新通道的建设，使甘肃省直接连通了21世纪海上丝绸之路，由此甘肃成为“一带”与“一路”十字交汇点。二是枢纽聚集辐射的货运集散功能凸显。中欧班列、中亚班列、南亚公铁联运、国际陆海贸易新通道铁海联运4条国际货运线路的开通和交错密织的公路运输线路，使甘肃省成为东西和南北“钢铁驼队”的十字交汇点。三是枢纽聚集辐射政策支持愈加凸显。党中央、国务院赋予甘肃省向西开放的重要门户和次区域合作战略基地，把兰州列为中欧班列主要货源地、铁路枢纽节点及陆港型和商贸服务型国家物流枢纽承载城市，将酒泉列为商贸服务型国家物流枢纽承载城市。目前甘肃省正处于而且必须抓住构建枢纽制高点的最佳窗口期，如不抢抓机遇，这种机遇很快就会丧失。

甘肃省地理位置特殊，从地图上看，甘肃省犹如一柄玉如意镶嵌在中国版图上，承东启西，连接南北。黄河流经甘肃900多公里，是黄河流域重要的水源涵养区和补给区，60%以上的水来自兰州以上的河段，具有突出的生态地位、不可替代的独特高原湿地水源涵养功能和重要的水土保持功能。尤其是作为唯一黄河被穿城而过的省会城市——兰州，其战略地位与枢纽地位的重要性不言而喻。甘肃省依托独一无二的区位通道枢纽优势，很快发展为我国向西开放发展的主要通道和次区域相互合作的重要推动者。从历史上看，甘肃有华夏文明八千年的美誉，自古至今就有得天独厚的通道枢纽优势。甘肃省在“一带一路”中的特殊地位可以从“跳出黄河流域看甘肃，立足黄河流域看甘肃”来审视：从外层空间看甘肃省，一条通道连东西；从地球平面看甘肃省，一条扁担挑欧亚；

从中国版图看甘肃省，地处版图几何中心“座中六联”；从西北周边省份看甘肃省，地处西北经济核心区具有辐射带动功能；从立足自身看甘肃省，除海洋生态与资源外拥有发展现代经济的一切客观条件。地处青藏高原、内蒙古高原、黄土高原的交汇之地，是中国地理版图的几何中心，自古以来就是连接欧亚大陆板块和新疆西藏的重要交通枢纽。一条古丝绸之路曾带来甘肃的繁荣，然而，由于长期的战乱再加上统治中心逐渐东移，甘肃又一度走向了衰落。中华人民共和国成立以来，“一五”时期的工业化布局和随后的“三线”建设，甘肃有了现代化的建设基础。“一带一路”对甘肃省意味着百年不遇的发展之路、开放之路、振兴之路、创新之路、崛起之路；“一带一路”对甘肃省意味着要明确国家“一带一路”建设的原则和要求，对应国家“一带一路”建设需求，以战略思维重新梳理和反思以往发展的经验和教训，找到发展差距和短板，准确把握制约发展的瓶颈和障碍因素，发现发展的机遇和挑战，科学谋划，抢占发展制高点，以“一带一路”为发展的新契机和平台，实现甘肃省经济社会转型和跨越发展；再造一个山川秀美的甘肃，建设一个美丽幸福的新甘肃，取决于能否抓住“一带一路”的机遇实现甘肃省的绿色崛起。

“一带一路”倡议实施历经 9 年，取得的成效突出表现在国家层面上的体制机制的不断健全和完善，诸如政策措施互通、基础设施联通、贸易往来畅通、资本货币融通、民心人文相通等尤为明显。进入新时代，“一带一路”又将甘肃推到了对内对外开放的前沿，甘肃再次迎来百年不遇的发展机遇。习近平总书记指出，“一带一路”是甘肃最大的机遇。审时度势，我们需要首先在理论上破解抢抓“一带一路”的机遇应从哪里着手。“一带一路”为甘肃省发展赋予了最大平台，可以说是甘肃省最大的发展机遇、最难得的历史机遇，甘肃要发展首先是要在认识上解决为什么最大机遇在“一带一路”上、“一带一路”为甘肃提供了什么样的机遇和哪些机遇、甘肃如何抢抓机遇等问题。甘肃的机遇首先通过其枢纽地位来体现，其枢纽地位为什么应该被不断强化；强化的重点和难点是什么；通过强化其枢纽地位能发挥本身的哪些优势，并研究如何从这些优势特色方面发力抢抓机遇，以及抢抓机遇的重点突破点创新点；如何通过政策将枢纽地位落地；制度和政策方面能否有新的突破与创新等问题。只有先从理论层面解决这些认识问题，甘肃“一带一路”建设才能有根有据，才能有亮点和发力点，才能风生水起。“枢纽”二字最早出自《文心雕龙 · 序志》，“盖《文心》之作也……文之枢纽，亦云极矣”①，意为关键部位，是事物之间相互联系的交汇处。《辞海》解释为“形容重要的地点，事物的关键之处”。② 通道枢纽建设作为甘肃融入“一带一路”倡议的重要抓手之一，目的是发挥地区的通道枢纽优势，抢抓重大机遇，真正成为“一带”与“一路”的重要交汇节点与黄金通道，充分发挥枢纽聚集辐射的带动效应。抢抓机遇甘肃首先需要从观念和认识转变方面发力：实现从“向西开放”到“全方位开放”观念的转变是甘肃抢抓机遇的前提条件；深化“一带一路”甘肃建设的差异化思考，是甘肃省抢抓机遇的认识条件；明确充分挖掘和释放“一带一路”红利的原则和条件，是甘肃省抢抓机遇的动力所在，以打造通道枢纽经济来推动甘肃积极参与共建“一带一路”是重要抓手。

为贯彻党的十九大精神、落实习近平总书记的指示，甘肃省省委、省政府在科学研判“一带一路”建设机遇，梳理甘肃省情，明确甘肃发展优势的基础上提出：要抢占通道、文化、技术、信息、生态

---

① 刘勰：《文心雕龙 · 序志》，作家出版社 2017 年版，第 5 页。

② 陈至立编：《辞海》（第 4 卷），上海辞书出版社 2019 年版，第 356 页。

等“五个制高点”，实现高质量发展。抢抓机遇从抢占“一带一路”制高点着手，掌握制高点就能够居高临下，纵览全局，掌握主动，赢得先机。那么为什么是这五个制高点而不是别的？制高点的形成是自然历史形成的，是特有的区位形成的，是具有的优势资源形成的，是现实基础和条件形成的，是有抢占可能性的，其中有些是我们独有而别人不具备的，我们需要破解的是这五个制高点如何构建。所谓“制高点”，是对政府直接控制经济中具有战略意义的领域的简称。“制高点”不是最高的地方的意思。“制高点”是指某一局部范围内的相对最高（优势）点，就是用战略的高度来关注“一带一路”建设，完成它期望达到的目标就是占领了战略制高点。立足比较优势和比较利益是国际贸易和区域贸易的理论基础。“一带一路”表象上是商品和服务在不同国别和地区之间的流动，本质上是生产力从高密度高能量区域向低密度低能量区域的流动。改革开放以来，我国总体上是按照经济利益的比较观，推行梯度开放发展战略，率先在东部沿海地区构建对外开放、对外发展的战略制高点，顺利地推动了我国经济快速有效发展。时至今日，改革开放作为我国的基本国策将继续深化和不断扩大。甘肃省处于生产力低密度低能量区域，应按照比较利益学说，仍然可以通过差别授权集中优势资源，以建构发展制高点。其中，枢纽制高点主要发挥要素聚集、资源交换与共享的功能，对接并落实“一带一路”建设、中新南向通道和西部陆海新通道等重大战略。战略上讲，控制了制高点，就掌握了全局的胜算和主动，才能体现“通道节点”的黄金成色，把握“一带一路”利益相关方成败得失“关”与“合”的钥匙，这个钥匙就是时任甘肃省省长唐仁健提出的要抢占文化、通道、技术、信息、生态“五个制高点”，实现高质量发展。甘肃的比较优势就是建立“制高点”的资本和条件，而比较利益就是“一带一路”贸易畅通的规律作用。

具体而言，只有通过综合发展“通道经济+物流节点+班列运行”才能抢占“一带一路”枢纽制高点。从南向通道来看，甘肃是汇集经济走廊、铁路、港口、油气管线的交叉点，中新（重庆）战略性互联互通示范项目南向通道（简称“南向通道”）是“一带一路”的合龙工程，兰渝铁路作为该通道的延伸，实现了东南亚与中西亚、“一带”与“一路”、我国西南与西北三大区域的联通。甘肃特别是兰州作为这三大通道的交汇点，枢纽地位进一步凸显，为甘肃促进对外开放、发展枢纽经济带来重大历史机遇。建设通道是手段，共享通道是关键，发展外向型经济是根本。以丝绸之路信息港平台为基础，以物流信息系统为中心，构建南向通道的兰州信息互联平台，将物流企业的订舱服务、追踪查询、预制作业计划、一体化通关、单证服务和保险理赔等核心功能纳入其中；建立第三方物流企业孵化器，大力培养现代复合型物流人才，为甘肃物流业发展提供基础支撑；建设大兰州核心物流园区，尽快完善南向通道的供应链。尽管甘肃省已开通货物贸易“国际班列”，但本地货源严重匮乏，高附加值的货源主要是从我国东部地区买来的，当地货源以矿产和苹果、药材、马铃薯等农副产品为主，回程班列货源更是严重不足，国际班列的开行并未带动甘肃经济发展。从货源上看，目前甘肃尚不具备发送国际班列的能力。所以应通过借船出海——积极与重庆、成都等地联合，为国际班列组织与补充货源，这样不仅能将甘肃产品卖出去，而且能将甘肃需要的产品买进来。将以前用于国际班列补贴的部分财政力量，转移到支持本省现代物流业发展上。南向通道为深度挖掘中国（特别是甘肃等西部省份）和东盟的贸易潜力，把东盟作为甘肃的重要国际进出口市场，扩大各领域的投资与合作，提供了重要的交通支撑作用。除发达国家和地区外，甘肃的主要出口方向长期聚集在东盟诸国，这是由双方需求的互补性决定的，只有顺应客观规律，才能符合甘肃快速发展需要。中国—东盟自贸区框架下的南向通道建设，客观上也为甘肃开拓东盟市场提供了机遇与条件。最终形成新交通枢纽、新产业中心、新金融中心，通过重点推动甘肃南向铁海联运通道建设，实现甘肃南向铁海联运通道、南向国际公路班车、兰渝班列常态化运行，形成通道集聚与辐射功能，打开甘肃向西开放、向南开放的大门。在信息枢纽上，兰州新区国际通信专用通道建设、国内互联网交换节点建设、丝绸之路信息港建设，既发挥陆上国际数据交换中心的作用，又发挥南向信息专用通道和物流大数据平台的作用；在物流通道上，依托兰渝、陇海、兰新、宝兰、青藏线等国家铁路及省内高速公路，建设完善兰州—重庆、兰州—成都、延安—平凉—庆阳—天水—陇南—九寨沟和欧亚大陆桥通道，拓展提升甘肃省物流枢纽节点基础设施的服务功能，以及所需的公路、铁路、港口、冷链物流等基础设施。

构建“一通道一枢纽四节点六基地”现代商贸物流产业战略布局。(1)构建立体商贸物流通道。以陇海、兰新、兰渝、包兰、兰青、青藏等国家铁路干线为主轴，打造沿亚欧大陆桥横贯东西、沿南向通道连接南北的铁路商贸物流大通道，逐步增加铁路货运量，倡导绿色环保物流。以连霍、青兰、十天等国家高速公路为依托，打造纵横交错、网络健全的公路商贸物流大通道，鼓励新能源汽车运输。发挥兰州中川枢纽干线机场流通作用，强化嘉峪关、金昌、庆阳等支线机场物流功能，打造空中商贸物流大通道。强化铁路、公路、民航、水运等多种运输方式深度融合，加快互联网信息技术创新，推进陆海空网四位一体联通，形成内外联动、东西互济、南北畅通、向西为主、多向并进的开放新格局。(2)构建兰州商贸物流枢纽。发挥兰州作为中欧国际货运班列枢纽节点和全国性商贸物流节点城市的辐射带动作用,依托兰州国际陆港打造铁路物流枢纽,组织开行西向中欧(亚)、南亚等国际班列和南向通道铁海联运国际班列,积极争取建设国家国际货运班列编组站、兰州国家铁路一级物流基地和中欧国际班列进口商品回程班列集散中心。依托兰州国际空港打造航空物流枢纽,建设空港物流园和兰州跨境电子商务发展中心,拓展货运直航和国际快件业务,发展航空货运,培育壮大临空经济。依托大型专业批发市场打造公路物流枢纽,建设城际物流、社区物流仓储配送分拨中心,活跃城乡商贸市场。(3)构建四大商贸物流节点。天水节点依托天水国际陆港,发展装备制造和电子产品、特色农产品物流,打造聚集陇中、辐射陕(西)川(四川)的商贸物流节点。平(凉)庆(阳)节点依托银(川)西(安)铁路,发展能源、煤化工、绿色农产品物流,打造聚集陇东、辐射宁(夏)陕(西)的商贸物流节点。金(昌)武(威)节点依托武威国际陆港,推动“天马号”国际货运班列常态化运营,发展农产品、建材、木材、镍铜及加工品等产品物流,打造聚集河西走廊东端、辐射青海、内蒙古的商贸物流节点。酒(泉)嘉(峪关)节点依托产业优势,发展金属材料、新能源装备制造、农产品物流,打造聚集河西走廊西端,辐射新疆、内蒙古、青海的商贸物流节点。(4)构建六大商贸物流基地。张掖基地发挥绿洲经济优势,发展绿色农产品冷链物流和国际物流,打造河西走廊中端的商贸物流基地。白银基地发挥毗邻兰州区位优势,依托白银公司支柱产业,发展有色金属、化工产品和居民消费品物流,打造辐射兰州、宁夏的商贸物流基地。定西基地依托农产品等产业优势,重点发展马铃薯、中药材、工业原材料物流,打造辐射中部的商贸物流基地。陇南基地依托兰渝铁路和十天高速公路,发展特色农副产品加工、矿产品加工物流，打造辐射川渝等西南地区的商贸物流基地。临夏基地依托民族产业优势，发展清真食品加工、民族用品、日用品销售物流，打造辐射青藏和伊斯兰国家的商贸物流基地。甘南基地发挥毗邻四川青海区位优势，依托农畜产业，发展农畜产品物流，打造辐射川青藏三省区的商贸物流基地。

目前，甘肃省还在继续争取将铁路、公路、场站的重点基础设施建设项目纳入“一带一路”总体规划，构建立体交通网络体系，将兰州打造成为南下东进和北上西出货运班列的季节编组枢纽和集散中心。

甘肃强化“一带一路”通道枢纽地位，有利于形成甘肃省枢纽型经济发展新优势。强化枢纽地位，可以突出甘肃资源优势融入国际国内产业链，不断扩大对外开放，实现“丝绸之路经济带”与“21 世纪海上丝绸之路”的有效联结、我国西北地区与西南地区的有效联结，以及中亚、西亚、中东欧与东盟国家之间的有效联结，形成辐射西北地区、集聚国际国内各类要素的“一带一路”西北陆海联动战略枢纽。

五、丝绸之路经济带甘肃黄金段的战略重点

由于“一带一路”建设不仅涉及国内经济布局的重大调整，而且涉及国外不可控制因素的束缚与制约，做好打基础、利长远的重点举措，应该成为我们高效务实推进甘肃黄金段建设的战略重点。这对甘肃的发展而言，既要“扬长”，更要“提短”。“扬长”，就是要充分发挥甘肃省区位、产业、文化、民族等优势，推动与丝绸之路经济带沿线国家的深度合作与经贸往来；“提短”，就是要充分提升甘肃省在交通、生态、经贸等方面的劣势与不足。要结合习近平总书记丝绸之路经济带“五通”的基本要求，有的放矢，不断实现丝绸之

路经济带甘肃黄金段建设的战略新突破，从而使甘肃黄金段不仅仅停留在过去，而且能够开创丝绸之路经济带未来的辉煌。

（一）积极推进基础设施的互联互通

丝绸之路经济带建设，“通路、通航、通商”是基本前提，基础设施的互联互通是基本保障，这是“一带一路”的长期建设内容与合作基础。基础设施的内涵非常丰富，既包括如道路交通、邮电通信、供水供电、科教文卫等公共工程设施，又包括公共生活服务设施；基础设施的建设既利当前又利长远。当前，做好丝绸之路经济带道路联通、信息沟通、物流畅通等工作，是基础设施互联互通的重中之重。首先，把甘肃打造成为丝绸之路经济带的综合交通枢纽。甘肃黄金段建设的战略基础，就是率先打造面向丝路沿线省份和国家的综合交通枢纽，凸显甘肃参与丝绸之路经济带建设的区位优势，积极推动对内对外合作开放战略新通道的建设。在铁路方面，要重点提升兰州铁路交通的全国枢纽地位，在武威南至阿拉木图丝绸铁路开通的基础上，加强与中亚、中欧国家的直达交通、放大货运能力，构建横贯我国东、中、西部和衔接亚欧的国际铁路交通枢纽；在公路方面，着力推进兰州、酒嘉、天水、张掖、平凉等五个国家级公路运输枢纽建设，统筹考虑省级、区域级公路运输枢纽布局与建设，着力打造丝绸之路国际公路港；在航空方面，积极拓展国际、国内民航航线及网络规模，依托兰州中川国际机场、敦煌国际机场建设，打造以兰州为中心、连通国内外重要城市的“空中丝绸之路”和面向中西亚、俄欧的国际航空港。其次，把甘肃打造成为丝绸之路经济带的物流集散地。结合丝绸之路经济带的建设现状与甘肃省的战略通道交通优势，优化甘肃省物流基础设施的整体布局，积极推进区域性物流中心和综合枢纽建设，要依托铁路、公路、航空港建设，加强物流中心城市建设，有意识地打造和提升以兰州、武威、天水、庆阳、敦煌等城市为重要节点的物流集散中心，加强与丝路沿线国家、与全国兄弟省市物流网络的连接与协作，对内构建甘川渝、兰西拉、甘宁蒙、甘陕宁等物流通道，对外形成丝路沿线国家商贸集散中心，提升与打造甘肃省现代物流系统化服务能力与网络化平台，把甘肃打造成为中国与丝路沿线国家商贸物流集散基地。最后，把甘肃打造成为丝绸之路经济带的互联网电子商务中心。当前，互联网技术正在不断改变人们所面临的地理约束和传统的商务模式，数字化、云计算和互联网技术正在成为改变世界的力量，甘肃省要积极打造虚拟化的网上丝绸之路，依托网络平台发展面向中西亚、俄欧的互联网电子商务中心，并结合正在到来的“工业 4.0”革命机遇，融合提升甘肃省参与丝绸之路经济带建设的现代化科技基础。“工业 4.0”是德国率先提出的一种工业化革命理念，认为人类将迎来以信息物理融合系统为基础，以生产高度数字化、网络化、机器自组织为标志的第四次工业革命。“工业 4.0”通过将信息技术与生产整合，实现一个全新的智能商业模式，未来将实现智能化经济、智能化生产、智能化交通、智能化物流、智能化供应链等。我们要未雨绸缪，积极探索互联网技术时代的科技发展方向，为甘肃黄金段建设插上信息技术的科技翅膀。

（二）推进能源资源的合作共享

甘肃省享有“中国石化工业的摇篮”“有色金属之乡”等美誉，是全国著名的能源资源大省，依托能源资源形成的石油化工、煤炭等重要产业对能源资源的需求量很大。中亚、西亚包括俄罗斯能源资源富集，这既是我国所需，也是甘肃省推进与丝路沿线国家产业合作的基础。例如，目前在甘肃省内已建成的跨省油气管道干支线有17条，过境总里程8300多千米。如何积极抢抓这一宝贵的能源资源合作共享机遇，利用好甘肃省作为丝绸之路沿线国家能源资源进入内地中转站的通道优势，让与丝路沿线国家能源资源合作共享在甘肃省落地生根、有效转化，是当前和长远都需要甘肃省认真研究的大问题。为此，要加快以下三方面工作。首先，要加快建设资源能源通道。在过境输油气管网建设方面，加快推进西气东输四线、五线及新疆煤制气外输管道工程建设，配合做好西气东输六线、七线及西部成品油、原油、煤制气管道和中亚油气管道建设工作，确保国家输油气管网的顺利建设和安全运行；在电力输送网络框架建设方面，加快建设酒泉到湖南特高压输电线路，争取国家启动建设陇东到江苏或江西特高压直流工程，推进电网750千伏主网架建设并向西向东延伸，提升甘肃电网在西北电网中的枢纽作用；在能源资源铁路运输通道建设方面，积极争取国家对兰新线进行高速重载铁路技术改造，提升兰新线集装箱、资源能源大宗商品等铁路货运能力。其次，要加强资源能源产业合作。要加强与中亚国家电力项目合作。支持甘肃省企业积极参与中亚国家能源开发项目，如中亚国家的电站、电网、新能源发电、钻井设备等开发项目。要加强与中西亚国家新能源装备制造业合作。加快建设面向中西亚的新能源装备制造业出口基地，鼓励企业投资中西亚及中东欧市场，联合建立研发中心、技术交易市场和技术推广示范基地。要加强与中西亚国家能源领域人才技术合作。通过多种形式培训中西亚国家新能源行业技术人才，鼓励企业“走出去”帮助中西亚国家开展新能源资源普查和评价，助推当地新能源资源开发。最后，积极探索创设兰州期货交易所。要尽快在兰州新区创设以石油、天然气、有色金属等贸易为内容的兰州期货交易所，一方面利用巨无霸的国内市场作吸引，加强兰州进行相关产品深加工产业的优势发挥；另一方面有助于打破美国、日本对中国石油、天然气、有色金属等国际贸易产品的战略挤压。这既可以形成本土化具有定价权的石油、天然气、有色金属等期货交易，同时，也能够吸引中亚、西亚甚至中东等区域的石油、天然气绕开海路市场，在兰州石油期货交易市场进行交易。在镍、铝、铜、铁等贵金属方面，也可以借助甘肃的资源优势，发展期货交易市场，提升甘肃省在国内外有色金属交易市场的影响力与话语权。

（三）推进战略产业的深度协作

甘肃省作为我国西部重要的工业核心区和能源原材料工业基地，在西北五省具有相对的工业优势。国家定位甘肃省是全国重要的新能源基地、有色冶金新材料基地、特色农产品生产与加工基地，这就是参与丝绸之路经济带建设的战略产业，结合《甘肃段建设总体方案》，要着重加强以下六个产业的战略协作，要瞄准重要产业基地，特别是在重点经贸产业园区的建设方面要内外协作、取得突破。在有色冶金产业领域，针对甘肃省矿产品进口值占全省进口总值的比重为77.3%的现状，瞄准中西亚国家资源能源富集的可合作方向，通过资源勘探、矿山开发、输出有色冶金成套设备和核心技术，对外投资建厂，探索全产业链深度合作的可行性。在现代农业产业领域，建立面向中西亚、俄欧国家特色优势农产品加工出口基地，开展广泛农业技术交流协作，积极开展农业投资项目合作，支持农业产业化龙头企业“走出去”，在中西亚、俄欧国家投资建设生产加工基地和现代农业产业示范园。在装备制造业产业领域，以石化通用装备、石油钻采装备、矿山开发设备、新能源装备、机械电工电气等为重点，加快省内装备制造企业转型升级，把甘肃省打造成丝路装备制造业基地,并推动装备制造优势企业在境外合作建设生产销售基地,扩展装备制造业与丝绸之路沿线国家产品出口和技术合作渠道和空间。在生物医药产业领域,积极推动生物制药、疫苗研发、医疗设备、重大卫生医疗事件协同合作等方面的深度合作,积极推动中医药走出去,扩大中医药品牌影响力,积极开拓以境外加工贸易为主的中医药市场,形成长期稳定健康的生物医药产业合作关系。在建筑建材产业领域,发挥甘肃省对外工程合作与项目承包等传统优势,鼓励企业参与中西亚基础设施建设、住房建设和房地产开发,积极承接东部产业转移,建设新型建材生产出口基地,在境外建设新型建材加工和销售基地,推进水泥、玻璃、新型墙体材料等建材行业的境外合作。在民族用品产业领域,深入总结临夏州打造“中国(临夏)—马来西亚(吉兰丹州)清真民族用品和食品交流会”的成功经验和平台效应,深入挖掘民族工艺品、清真食品、中藏药等产品出口潜力,着力建设民族特需用品生产加工和出口基地,健全严格完善的清真食品认证体系,建设面向南亚、中西亚等丝路沿线国家的生产加工基地和出口中心。

(四)推进文化旅游的友好交流

甘肃省是华夏文明和中华民族的重要发祥地,是中华民族重要的文化资源宝库,是农耕文化与游牧文化、华夏文化与丝路文化、黄河文化与西戎文化有机融合的战略平台和通道,和中亚国家有民族相通、人文相亲的历史渊源与现实基础。例如,在中央电视台 2013 年播出的纪录片《丝路,重新开始的旅程》中,吉尔吉斯斯坦的东干人就是因民族起义而远走他乡的陕甘老乡,他们至今还能讲一口流利的大清官话;再如,经由古代丝绸之路来到中国的波斯驼队、罗马商人都从中国收获了财富、友谊和各种各样的新鲜事物，中国人热情好客、和平友好的美誉深深扎根在这些国家人民的心中，这才有了寻找中国的哥伦布发现新大陆的历史佳话。这是我国与丝路沿线国家和睦共处、友好往来的坚实基础，“一带一路”倡议的实现是我们续写这些历史传奇的最佳战略机遇期。首先，要充分发挥华夏文明传承创新区的平台优势。把华夏文明传承创新区在丝绸之路文化主题下的建设成果作为丝绸之路人文交流合作的重要支撑，推动丝绸之路沿线国家文物保护领域的学术交流和技术合作，促进区域联动打造丝绸之路文化旅游共同体，加强与丝绸之路沿线国家的文化产业合作和产品贸易，实施一批教育、医疗、医药合作项目，推进华夏文明传承创新区与丝绸之路经济带深度融合发展。其次，要提升国际文化旅游交流的渠道与层次。拓展文化旅游交流合作渠道，广泛开展与上合组织、中阿经贸合作论坛、世界旅游组织、联合国教科文组织国际机构的战略合作，建立多层次广范围的丝绸之路沿线国家对话机制与合作平台；突出以敦煌为中心的节会项目，提升文化旅游交流的层次，在提高“敦煌行·丝绸之路旅游节”“国际文化产业大会”“嘉峪关国际短片展”等平台国际化水平的同时，积极策划在丝路沿线国家举办“甘肃文化周”“丝绸之路（敦煌）电影节”“丝绸之路（敦煌）音乐节”“丝绸之路（敦煌）当代艺术双年展”“丝绸之路（敦煌）现代舞蹈节”等国际性文化旅游艺术展演活动；建设丝绸之路文化旅游经济带，积极参与和融入文化和旅游部牵头的“丝绸之路经济带”旅游合作发展规划，打造敦煌、兰州、天水三个文化旅游区域性增长极，建设20个体量大、旅游项目多、吸纳能力强、四至范围清晰、空间连贯完整、功能配套完善、管理统一、顺畅、游客逗留时间长的大景区，同时配套网上丝绸之路文化遗产、旅游景点、文化旅游产品展示、导览、交易平台,建设“线上丝绸之路”。最后,要加快构建完善丝路沿线国家人文交流合作体系。创新人文交流形式,构建政府、企业、社会团体、科研院校等多元化的文化交流合作模式,加强教育、科技、卫生、体育等领域的人文交流,扩大和增加获政府奖学金的中西亚国家留学生规模和孔子学院招生名额,共同开展重大科技联合攻关,联合开展中医药临床研究,继续办好重大国际国内体育赛事。

(五)推进商贸合作的转型升级

2013 年,甘肃省与丝绸之路经济带沿线国家贸易额达到 22.61 亿美元,增长 25.68%。在中亚、西亚 11 个国家设立了 11 家境外投资企业,在中西亚及东欧 12 个国家承包工程项目,与 70 多个沿线国家、地区和国际组织达成了合作共识,在白俄罗斯明斯克市、伊朗德黑兰市和新疆霍尔果斯口岸设立了 3 个商务代表处,缔结 16 对友好城市。在现有贸易格局的基础上,依靠现代国际贸易平台建设,推动甘肃省与丝绸之路经济带沿线国家商贸合作的全面转型升级,重点要在两个方面取得突破。其一,加快创设中国(兰州)自由贸易园区。武威保税物流中心和兰州新区综合保税区的获批建设,为甘肃省与丝绸之路沿线国家采取更高形式的商贸合作提供了良好机遇。甘肃省省委、省政府已经明确要求,积极贯彻落实党的十八届三中全会“选择若干具备条件地方发展自由贸易园区”的改革精神,充分借鉴中国(上海)自由贸易区可复制、可推介的成功经验,在兰州新区综合保税区基础上加快创设中国(兰州)自由贸易园区,这将全面提升甘肃省商贸国际合作的平台和政策机遇。其二,尽快建立具有标志性的“五通大厦”。习近平总书记提出“五通”的总体要求以来,全国各省纷纷抢抓机遇,加快推进丝绸之路经济带建设。但是，在“五通”的标志性建设方面还缺乏显著亮点。服务于商贸合作转型升级的要求，甘肃省有必要在兰州新区依托综合保税区，建立一座具有丝路“五通”标志性建筑，可参考陕西省“凡丝绸之路沿线国家在园区设立国别或区域办事处及商务代表处，园区按机构级别、规模提供免费‘拎包入住’式办公场所”的做法，建立服务于丝绸之路沿线国家办事处及商务代表处，甚至建立服务于外国商人的“五通大厦”。

（六）推进生态绿色丝绸之路建设

生态问题是未来国家间合作与对话的一个中心话题，也是中国与中亚、西亚，甚至东欧等丝路沿线国家所必须共同面对的生态挑战。古丝绸之路悠扬的商旅驼铃，伴随绿洲的兴起而兴起，伴随绿洲的衰败而衰败；曾几何时，美丽的楼兰、高昌故城都变成了丝绸之路生态灾难的文明遗址。可以说，生态环境既推动了古丝绸之路的兴起，也见证了古丝绸之路的衰败，这就使生态绿色丝绸之路建设成为沿线国家的必然选择，甘肃省要肩负起推进生态绿色丝绸之路经济带建设的历史重任。首先，要加快建设丝绸之路经济带生态安全示范区。生态建设是丝绸之路经济带建设的基础和支撑，而且丝绸之路沿线国家在该领域有广阔的合作前景。当前，最重要的工作就是依托国家生态安全屏障综合试验区，大力谋划和实施一批重大生态建设项目，为丝绸之路沿线国家在生态环境保护与修复、生态事业与生态产业的现代化开拓等一系列方面积累经验、树立典型，为未来的丝绸之路沿线国家在生态改善与生态安全方面提供经验支持和样板示范。其次，要提升与丝绸之路沿线国家生态合作的广度与深度。充分发挥甘肃省在雨水集畜利用、野生动植物保护、内陆河流域生态治理、风沙源防护林建设等方面的技术优势，与丝绸之路沿线国家开展沙尘暴预防、荒漠化治理、旱作农业和节水灌溉、湿地保护等方面的合作交流，全面拓展与丝绸之路沿线国家生态合作的广度与深度。最后，努力将“张掖绿洲论坛”打造成丝绸之路沿线国家生态安全与合作的国际对话平台。古丝绸之路有两条主要线路：一条是绿洲路线，另一条是草原路线，充分说明了丝绸之路沿线国家生态安全与合作的重要性。“张掖绿洲论坛”要成为丝绸之路沿线国家生态安全与合作的国际对话平台，建设相应的国际机构，不断提升论坛的国际影响力与美誉度，积极邀请丝绸之路沿线国家参与合作，最终成为丝绸之路经济带建设中一个具有国际性影响力的对话平台，这将空前提升和扩大甘肃黄金段的话语权和影响力。

（七）加强“一带一路”框架下的甘肃新型城镇化建设

在“一带一路”的战略愿景中，特别突出了节点城市建设，它们是支撑经济走廊的战略节点，是“一带一路”的商贸文化先行者、规划战略落实者，承担着开拓“一带一路”国际市场的战略使命。甘肃省的城镇布局具有沿丝绸之路呈带状分布的典型特点。从“一带一路”的发展前景来看，甘肃从东到西的大中小城市发挥着丝绸之路建设的重要节点作用，要体现出支撑经济走廊的基础提升、产业对接、商贸互通、文化交流、对外开放等重大战略导向，紧扣时代特色与“一带一路”的历史经验，在智慧城市、海绵城市、紧凑城市、文明城市等新型城镇化建设方面取得新突破，努力做好对内建设、对外开放、质量提升、效益突出的现代新型城镇化进程。在对内建设方面，要紧扣党的十八届五中全会与中央城市工作会议精神要求，以城市群、区域性中心城市建设为龙头，扎实推进以人为核心的新型城镇化，着力提高城市规划、建设、管理水平，按照我国城市建设“五统筹”的原则提升城市建设质量、凸显城市综合效益；在对外发展方面，要强化城市城镇间基础设施的对外衔接，突出大中小城市在对外开放进程中的不同地位与作用，在城市经济管理等体制机制方面全面实施准入前国民待遇加负面清单管理模式，强力培育各类城市“引进来”与“走出去”的能力水平，充分发挥甘肃省城市参与“一带一路”建设的巨大潜力与广阔空间，积极探索一条反映甘肃实际、体现“一带一路”诉求、具有甘肃特色的新型城镇化发展道路。

第一，尊重城市建设规律，坚持规划先行、立足开放的新型城镇化进程。近年来，中央出台了《国家新型城镇化规划（2014—2020年）》《推动共建丝绸之路经济带和21世纪海上丝绸之路的愿景与行动》等许多相关发展规划，甘肃省也出台了《甘肃省新型城镇化规划（2014—2020年）》，结合甘肃省经济社会发展的未来前景和目标，以及党的十八届五中全会和中央城市工作会议的最新精神，一方面，我们要坚持并完善《甘肃省新型城镇化规划（2014—2020年）》，从全局性、系统性、可持续性、宜居性、开放性等角度科学推进甘肃省新型城镇化布局，特别是从跨区域城市协调发展的角度，有效衔接好城市建设的资源配置与合理化布局；另一方面，要从打造丝绸之路经济带节点城市战略支撑的角度，做好城市、城镇间基础设施有效对接、产业相互配套、城市特色鲜明、开放型元素突出的务实发展道路。

第二，坚持推进以人为核心的新型城镇化进程，提升甘肃省城镇化进程中的质量与效益。2014年，我国的城镇化率接近56%，甘肃省的城镇化率只有41%，与全国存在近15个百分点的差距，城镇化进程明显落后于全国水平。究其原因，最根本的一条，就是甘肃省工业化进程滞后、产业结构陈旧、城市经济的就业空间有限，很难有效解决农村转移人口的就业问题;人的问题解决不好,开发开放就是一句空话,城镇化率就很难获得超前发展。在城镇化的过程中,要确保甘肃省城镇化进程的质量与效益,把以城市为代表的发展质量与二、三产业为核心的发展效益充分展现出来,扎扎实实推进“户、证、权、房”四项改革,把以人为核心的新型城镇化进程落到实处。

第三,坚持以生态环保为红线的城镇化进程,这是甘肃省城镇化的“新”字所系。生态环境的脆弱是甘肃省城镇化进程不能回避的现实,生态环境是制约甘肃省大多数地区城镇化进程的一条红线,也是丝绸之路兴废的历史经验教训。面对有些地方城市“摊大饼式”的无节制开发举措,我们要科学考虑生态环境的承载能力,不能违背自然生态搞城镇化建设。面对甘肃省有些地方出现的削山要地、挖山平地甚至丝毫不考虑生态环境安全的城镇化建设项目,一定要加强环评监测,由建设单位承担相应环境改善与保护的资金投入责任,不能对生态环境采取赤裸裸的掠夺开发,为自然生态的次生灾害埋下隐患,要用甘肃省新型城镇化中的生态改善与提升,为“一带一路”沿线国家的城市合作提供生态话题与生态样板。

第四,坚持以基础配套与信息化共享为基础的新型城镇化进程,倾力打造智慧城市、海绵城市。甘肃省是一个基础薄弱、信息化落后的省份,在甘肃省的城镇化建设进程中,要充分考虑水电路等基础设施先行,公共服务配套,信息化基础建设的适度超前,做好地下、地上、空中三个层次的城市基础设施建设与布局优化,使甘肃省的城镇化走出一条经济、集约、信息化的新型城镇化道路。同时,甘肃省要加快建立透明规范的城市建设投融资机制,允许地方政府通过发债等多种方式拓宽城市建设融资渠道,允许社会资本通过特许经营等方式参与城市基础设施投资和运营，研究建立城市基础设施、住宅政策性金融机构。全力打造社会资本、民间资本参与城镇化建设的渠道与平台，为甘肃省城镇化建设所面临的资金问题寻找解决途径。

第五，坚持“五统筹”的城镇化建设原则，着力打造紧凑城市、生态城市、创新城市。“统筹空间、规模、产业三大结构，统筹规划、建设、管理三大环节，统筹改革、科技、文化三大动力，统筹生产、生活、生态三大布局，统筹政府、社会、市民三大主体”，这既是我国城市建设最新的“五统筹”原则，也是甘肃省新型城镇化进程所要着力体现并坚持的五大原则。以“统筹生产、生活、生态三大布局”为例，国内外比较成功的城镇化发展，基本都遵循了“园区、社区、生态区”有机融合的新型城镇化发展模式，“产业向园区集聚，生活向社区集聚，绿化向生态区集聚”，生动形象地说明了新型城镇化的发展路径，体现了城镇布局结构与规模效益的良性互动。甘肃省的新型城镇化建设，要有效衔接产业园区与社区建设的配套推进，实现土地利用的集约化与有效统筹；在生态区绿化建设的过程中要尊重自然地理地貌，巧妙布局，避免大推大挖；结合城市三大主体、三大结构、三大环节、三大动力、三大布局的有效统筹，在甘肃省经济力量偏小、财政实力较弱、发展较为落后的格局下，按照“五统筹”原则推动甘肃省紧凑城市、生态城市、创新城市建设。

第六，积极探索推进县改市工作。按照党的十八大以来全面建成小康社会的改革要求，结合甘肃省城镇化进程的具体实践，从城市建设的角度，积极考虑对符合设市标准的县区通过严格的审批程序采取改市发展的措施，对有些具备行政区划调整条件的县域可以整合改市，通过行政管理体制与城市建制提升的机会有效牵引甘肃省新型城镇化进程。对吸纳人口多、经济实力强的镇,可赋予同人口和经济规模相适应的管理权,使它们实现和县城、中心城市的良性互动,走以城带镇、以镇促城的新型城镇化发展之路。

第二章 甘肃省建设"一带一路"通道枢纽的基本情况

一、"一带一路"中国内陆枢纽建设现状

自2013年提出"一带一路"倡议以来至2021年6月23日，中国已经同140个国家和32个国际组织签署206份共建"一带一路"合作文件。我国与"一带一路"沿线国家贸易往来不断扩大，投资合作持续深化，合作机制不断完善，各领域合作广泛开展。我国内陆枢纽建设现状具体有以下表现。

（一）国际贸易

2013—2019年，中国与"一带一路"沿线国家货物贸易进出口总额从1.04万亿美元增至1.34万亿美元。2020年，我国企业在"一带一路"沿线对58个国家非金融类直接投资177.9亿美元，同比增长18.3%，占同期总额的16.2%，较上年同期提升2.6个百分点，主要投向新加坡、印度尼西亚、越南、老挝、马来西亚、柬埔寨、泰国、阿拉伯联合酋长国、哈萨克斯坦和以色列等国家。

对外承包工程方面，我国企业与"一带一路"沿线的61个国家

新签对外承包工程项目合同5611份,新签合同额1414.6亿美元,同比下降8.7%,占同期我国对外承包工程新签合同额的55.4%;完成营业额911.2亿美元,同比下降7%,占同期总额的58.4%。2021年1—9月,我国企业与"一带一路"沿线对56个国家非金融类直接投资962.3亿元人民币,同比增长5.7%(折合148.7亿美元,同比增长14.2%),占同期总额的18.4%,较上年同期上升1.9个百分点,主要投向新加坡、印度尼西亚、越南、马来西亚、阿拉伯联合酋长国、老挝、哈萨克斯坦、泰国、孟加拉国和柬埔寨等国家。2013—2019年,中国企业对"一带一路"沿线国家非金融类直接投资累计超过1000亿美元,年均增长4.4%,较同期全国平均水平高1.4个百分点,主要投向新加坡、越南、老挝、印度尼西亚等国。合作区平台建设有序前行。截至2019年年底,纳入商务部统计的境外经贸合作区累计投资419亿美元,吸引了数千家企业入驻,产业聚集效应显现。其中,在"一带一路"沿线国家建设的合作区累计投资350亿美元,上缴东道国税费超过30亿美元,为当地创造就业岗位33万个。吸收外资方面稳步提升。2013—2019年,"一带一路"沿线国家对华直接投资超过500亿美元,设立企业超过2.2万家。加快构筑面向全球的高标准自贸区网络。截至2019年年底,中国已与25个国家和地区达成了17个自贸协定,正在开展12个自贸协定谈判或升级谈判,以及10个自贸协定联合可行性研究或升级研究。

(二)通道枢纽建设

中国与"一带一路"沿线国家从2013年起在海、陆、空等领域展开密集合作,与"一带一路"沿线国家的联通度明显高于其他交通设施联通水平,海运互联互通指数保持全球第一,不仅有效提升了这些国家的基础设施建设水平，还促进了多边贸易、文化等方面交流互鉴。2019 年 10 月 13 日，重庆、甘肃、青海、新疆、宁夏、陕西、四川、内蒙古、西藏等西部地区 12 省区市和海南、广东湛江，在重庆签署框架协议，合作共建西部陆海新通道。陆海新通道是由中国西部省份与新加坡合作打造的陆海贸易新通道，以重庆为运营中心，以广西、贵州、甘肃、青海、新疆等西部省份为关键节点，利用铁路、海运、公路等运输方式，向南经广西北部湾通达世界各地，比经东部地区出海所需时间大幅缩短，目前已经形成西部 12 省区市和海南、广东湛江“13 + 1”合作共建机制。2019 年西部陆海新通道铁海联运班列开行 923 班，增长 51%。2020 年 1—6 月，西部陆海新通道海铁联运班列累计开行 1691 列，同比增长 66%；集装箱累计到发 84793TEU，同比增长 68%。运输品类由最初的少数几种增加至 300 多个品种，范围覆盖了中国 14 个省区市，通达全球 83 个国家和地区的 203 个港口。陆海新通道品牌效应不断扩大，货物集聚效应日益凸显，已形成了“一带一路”经中国西部地区的完整环线，带动了西部地区对外开放、北部湾港快速发展的步伐。陆海新通道迅猛发展，得益于广西举全自治区之力全方位推进西部陆海新通道建设，及北部湾港集团主动担当起西部陆海新通道建设的排头兵和主力军。通道建设使沿线地区进一步扩大对外开放，深化陆海双向开放，助力区域经济高质量发展。

（三）园区建设

物流园区是枢纽建设的重要载体。根据国家标准《物流术语（GB/T 18354）》，物流园区是指为了实现物流设施集约化和物流运作共同化，或者出于城市物流设施空间布局合理化的目的，而在城市周边等各区域集中建设的物流设施群与众多物流业者在地域上的物理集结地。物流园区是对物流组织管理节点进行相对集中建设与发展的、具有经济开发性质的城市物流功能区域,同时,也是依托相关物流服务设施降低物流成本、提高物流运作效率,改善企业服务有关的流通加工、原材料采购、便于与消费地直接联系的生产等活动、具有产业发展性质的经济功能区。目前我国物流园区供给现状如下:

1. 工矿仓储用地供应快速提升

根据自然资源部数据,2019 年全国国有建设用地供应总量62.4万公顷,比上年下降 3.6%,其中工矿仓储用地作为最大的正增长用地,2019 年工矿仓储用地供应面积为 14.7 万公顷,增长10.3%,快速增长的供应规模反映出国内工业和物流用地需求较大。

2. 物流园区建设规模逐步扩张

根据中国物流与采购联合会、中国物流学会发布的《第五次全国物流园区(基地)调查报告(2018)》数据显示,2018 年,全国符合本次调查基本条件的各类物流园区共计 1638 家,比 2015 年第四次调查数据 1210 家增长 35.37%。2015—2018 年,我国物流园区个数年均增长 10.6%。总体上,我国物流园区建设呈现快速扩张趋势。(见图 2-1)

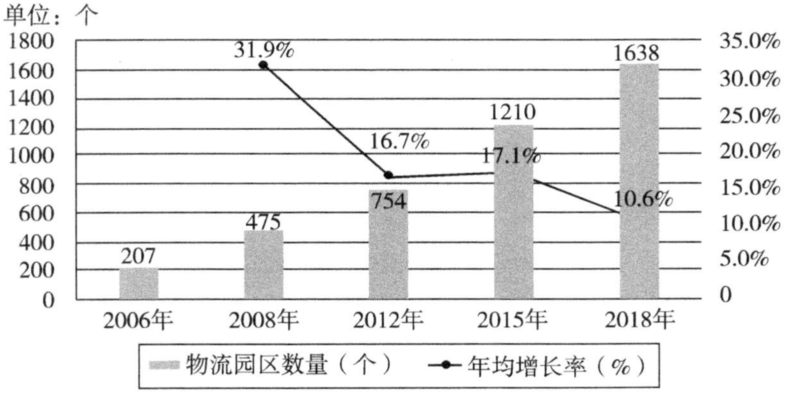

图 2－1　中国物流园区数量规模变化情况

根据《物流园区分类与规划基本要求(GB/T 21334－2017)》，按依托的物流资源和市场需求特征为主要原则，以某一服务对象为主要特征，将延伸服务合并为同一类型，以物流园区服务功能为导向，对物流园区进行分类。(见图 2－2)

货运服务型

· 依托空运、水运或陆运节点（枢纽）而规划建设；
· 为大批量货物分拨、转运提供配套设施；
· 主要服务于区域性物流转运及运输方式的转换。

生产服务型

· 依托经济开发区、高新技术园区、工业园区等制造业集聚园区而规划建设；
· 为生产型企业提供一体化物流服务；
· 主要服务于生产企业物料供应、产品 生产、销售和回收等。

商贸服务型

· 依托各类批发市场、专业市场等商品集散地而规划建设；
· 为商贸流通企业提供一体化物流服务及配套商务服务；
· 主要服务于商贸流通业商品集散。

口岸服务型

· 依托对外开放的海港、空港、陆港及海关特殊监管区域及场所而规划建设；
· 为国际贸易企业提供国际物流综合服务；
· 主要服务于进出口货物的报关、报检、仓储、国际采购、分销和配送、国际中转、国际转口贸易、商品展示等。

综合服务型

· 具备上述两种及两种以上服务功能的物流园区。

图 2－2　国内物流园区分类

全国物流园区需求分析：目前，国内物流园区入驻企业类型可大致分为制造企业、零售企业、第三方物流三大类，其中制造企业主要包括汽车、电子、机械制造以及医药、医疗器械制造等，零售企业包括快消品、电商以及零售等。不同入驻企业对于物流园区功能需求的考虑不尽相同，目前多数以仓储、运输、配送等基本服务功能为主。从国内仓储地产领军企业——普洛斯的客户结构可以看出，其占比情况如下：电子商务企业占26%、快消品企业占21%、第三方物流占18%、电子产品占13%、汽车零部件占8%、零售商占6%、其他占8%。（见图2-3）

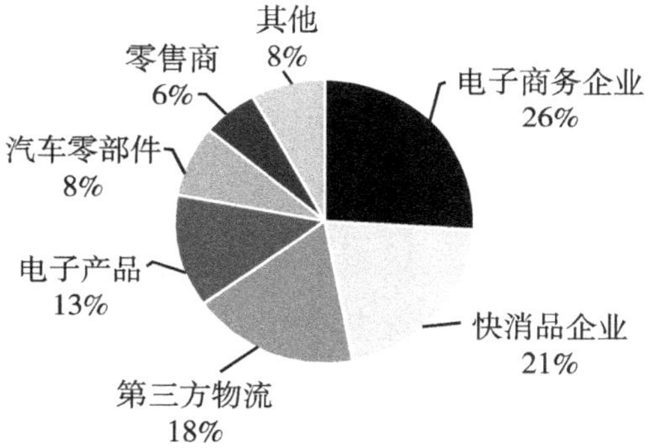

图2-3　普洛斯物流园区客户结构

3. 工业品物流高速增长为物流园区建设提供重要支撑

我国工业品物流是物流需求的主要构成。2015—2019年，我国工业品物流总额逐年增长，到2019年，全国工业品物流总额为269.6万亿元，按可比价格计算，同比增长5.7%，增速比2018年减少0.5个百分点；2020年上半年，全国工业品物流总额达到110万亿元。国内工业品物流保持较高的增长趋势，为物流园区的建设需求提供了重要支撑，推动了物流园区建设进一步扩张。（见图2-4）

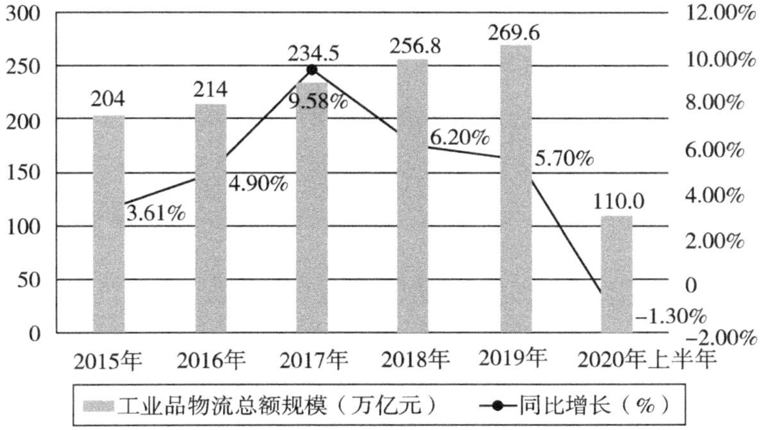

图 2－4　2015—2020 年上半年中国工业品物流总额规模走势图

4. 零售消费稳定增长驱动物流园区转型升级

2015—2019 年，我国社会消费品零售总额逐年增长，增长率保持在 8% 以上的较高水平。2019 年，我国社会消费品零售总额达到 411649 亿元，比 2018 年增长 8%；2020 年 1—6 月，社会消费品零售总额达到 172256 亿元。国内零售消费稳定增长，高端物流需求快速扩张，驱动现代化物流园区建设和转型升级。（见图 2－5）

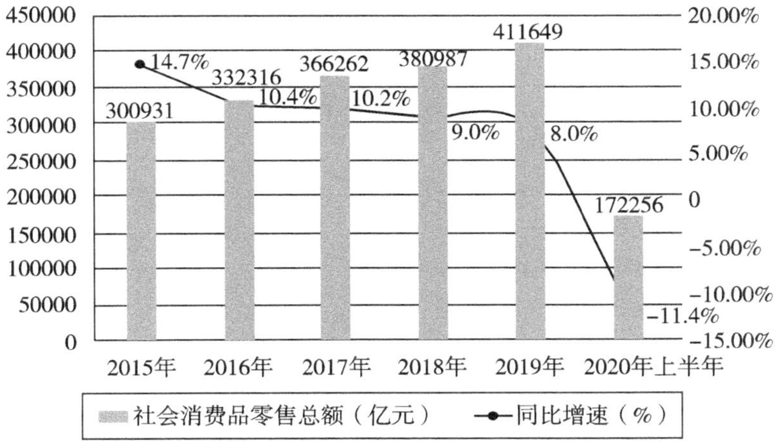

图 2－5　2015—2020 年上半年中国社会消费品零售总额及增速

区域物流园区发展情况：

（1）示范物流园区区域分布。截至2020年8月，中国物流与采购联合会根据国家发改委要求，已发布两批示范物流园区名单，共56家物流园区入选。其中华东地区的物流园区入选最多，达到22个，占比39%，其次是华中地区和西南地区，各有8个物流园区入选。（见表2-1）

表2-1　截至2020年8月中国示范物流园区分布情况

区域	包含省份	示范物流园区数量（个）
华东	山东、安徽、江苏、上海、浙江、江西、福建	22
华北	内蒙古、北京、天津、河北、山西	6
华中	湖南、湖北、河南	8
华南	广西、广东、海南	6
西南	西藏、四川、重庆、贵州、云南	8
西北	新疆、青海、甘肃、宁夏、陕西	3
东北	黑龙江、吉林、辽宁	3

（资料来源：中国物流与采购联合会、前瞻产业研究院整理。）

（2）区域物流园区发展。从区域经济总量来看，2019年华东地区GDP最高，达到37.55万亿元，其次是华中和华南地区，分别为13.98万亿元和13.43万亿元。华东区域经济总量为物流园区的建设发展提供了良好的经济基础。（见图2-6）

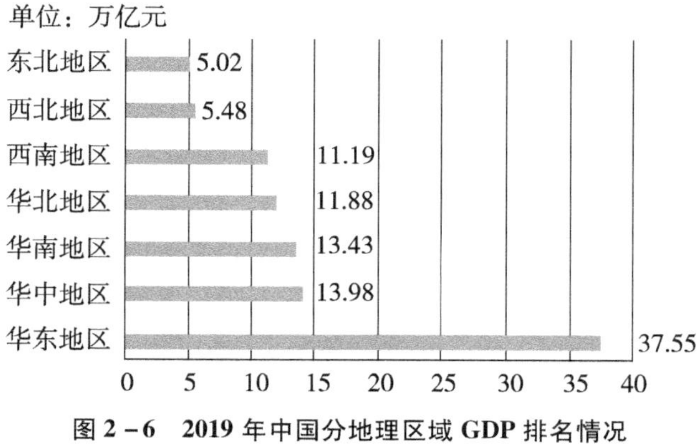

图2-6　2019年中国分地理区域GDP排名情况

（资料来源：国家统计局、前瞻产业研究院整理。）

从国内物流地产龙头企业——普洛斯的全国物流园区布局情况来看，已建物流园区项目多数分布于华东地区，如山东、上海、江苏、浙江、安徽等地，截至 2019 年年底，普洛斯在华东地区物流园区项目有 178 个，全国范围内的总建筑面积达到 2815.95 万平方米。（见表 2－2）

表 2－2　截至 2019 年年底普洛斯物流园区建设情况

区域	物流园区数目（个）	已完工总建筑面积（万平方米）
华东	178	1379.32
华中、西南、西北	88	595.25
华北、东北	75	544.55
华南	45	296.83
合计	386	2815.95

（3）园区仓储设施现状

从高标仓空置率情况来看，根据最新统计数据，2020 年第二季度，华南和华东地区仓储空置率较低，分别为 13.68% 和 15.55%，而西南和东北地区高标仓空置率达到 25% 以上，反映出华南、华东地区经济情况较好，在新冠疫情下复苏较好，从而带动当地仓储需求，降低了区域仓库空置率。（见图 2－7）

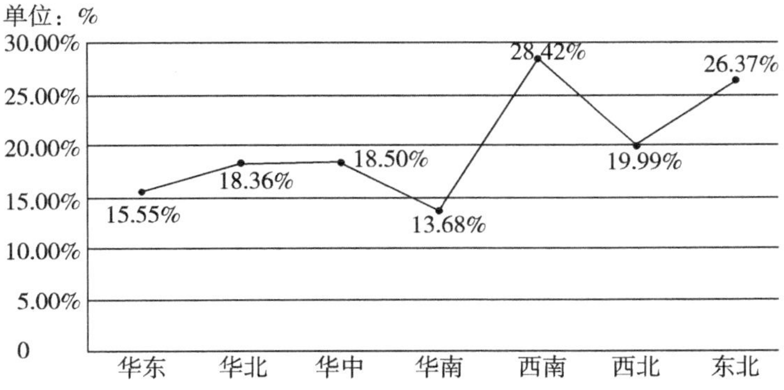

图 2－7　2020 年第二季度分区域高标仓空置率情况

从高标仓租金情况来看，根据最新统计数据，2020 年第二季度，华东、华北、华南地区租金偏高，而华中、西南、西北、东北地区租金相对较低，反映出华东、华北和华南地区仓储租赁市场活跃，物流园区的仓储需求较大。（见图 2－8）

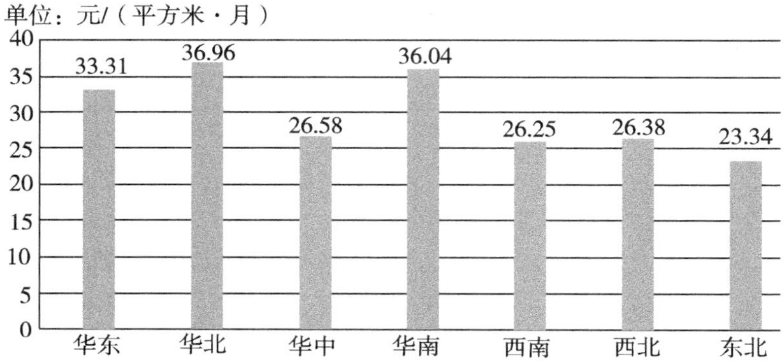

图 2－8　2020 年第二季度分区域高标仓租金及空置率情况

综上所述，从国家示范试点建设、经济基础、龙头企业布局、仓储市场需求等方面分析，华东地区物流园区发展处于领先地位。

（四）产业体系

内陆枢纽不仅培育特色产业，还着力发展商贸物流、电子商务等主导产业。不仅与商贸、制造业融合发展趋势明显，而且仓储配送、搬运装卸、集散转运等基础服务能力也不断增强。比如，河南省郑州市航空港主要发展具有临空指向以及关联度高的高端产业，着力打造特色明显、竞争力强的航空港产业综合体系。商贸物流产业方面，西安国际港务区以国内外知名企业为龙头，实现产业集聚发展。电商产业方面，西安国际港务区既吸收国内电商龙头企业，也帮助本土电商壮大。拓展承办“一带一路”媒体合作论坛和司法合作国际论坛，扩大了对外影响力。甘肃参加了东盟（曼谷)中国进出口商品博览会、“慧眼中国”中新互联互通项目“南向通道”推介会、重庆西部投资贸易洽谈会、首届及第二届进口博览会等国内国际大型展会。

(五)国际班列

国际班列一般是指依据车次和线路等给定条件发行,来往于中国和丝路沿线国家和地区的集装箱跨国铁路连续运输专列。具有安全便捷、高速运转、绿色环保等优势,是国际物流陆运的主要方式。多地陆港依托原有铁路集装箱场站,开通多条国际货运班列,积极融入国家“陆海内外联动、东西双向互济”的开放格局。《推动共建丝绸之路经济带和21世纪海上丝绸之路的愿景与行动》提出“支持郑州、西安建设国际陆港”,重庆打通了国际陆海贸易新通道,大幅缩短西北、西南地区的出海距离,使重庆从内陆城市蜕变为辐射我国西部和东南亚的铁路物流枢纽。

中欧专列首次于2011年3月开行,随后郑州市、成都市、兰州市等内陆省会城市接连开通了发往欧洲的集装箱专列。从2011年起中欧17列到2018年突破6000列。中欧班列自2020年5月起连续16个月单月开行千列以上,自2021年5月起连续4个月单月开行超1300列,为保障国际产业链供应链稳定、促进国内国际双循环作出了积极贡献。(见图2－9)

目前,中欧班列已铺画73条运行线路,通达欧洲23个国家的170多个城市,运输货品达5万余种,实现境内外生产协同联动,降低了企业物流成本,为“一带一路”沿线国家和地区经济社会发展提供了运输支撑。货品从运送电脑、手机等电子类产品开始逐渐扩展至服装鞋帽等生活日用品、粮食及葡萄酒等餐饮食物、机械车辆及其配件等生产生活必需品。

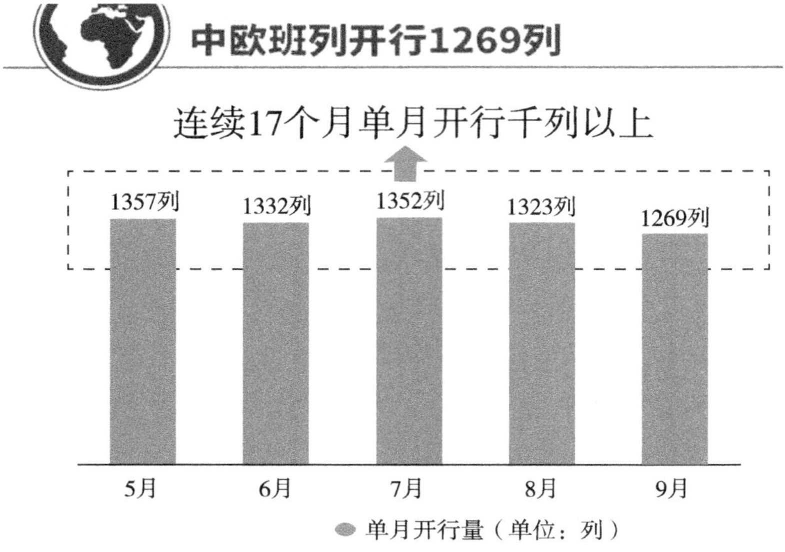

图 2－9　2021 年中欧班列开行情况

（资料来源：中国一带一路网）

（六）多式联运

多式联运一般是指运用多种运送方式相互协同作业而完成的复合式、同步式货物传输过程。多式联运最大的特点是能最大限度地减少运输成本，尽可能地运送各类物资特别是大宗商品，充分利用了各类运送方式的长处，科学合理地综合利用已有运输资源，有效降低了运输资源的不必要浪费。目前国内多式联运发展尚处于起步阶段，各地多式联运以海铁联运、公铁联运和国际班列为主。

各地枢纽建设都在积极发展多式联运。河南将多式联运作为“一带一路”建设的着力点。郑州机场率先研发出多式联运数据交易服务平台，成为国内唯一的以机场为中心搭建的智能化平台，为发展多式联运提供了信息化支撑。同时，该平台探索制定国际物流多式联运的数据和服务标准，为客户提供效率最高、成本最低、服务最优的物流解决方案。货源集疏能力增强，货源品种不断丰富。

以郑州为例，中国内陆多式联运的类型主要有以下三种类型。一是公—铁—公联运线路。郑州国际陆港的集卡车载着集装箱，运到陆港园区，或者通过郑州陆港的公路运输线路，送到陆港仓库。之后通过郑欧班列运到欧洲各沿线车站，然后再通过公路分拨到欧洲各地。二是公—海—公—铁—公联运线路，东北亚商品通过公—海联运的方式送到中国沿海港口，通过海关监管的公路运输，到郑州陆港乘上郑欧班列，直达中东欧，再转用公路运输，分拨到遍及欧洲的客户。三是空—公—铁—公、公—铁—公—空联运线路。从东亚、东南亚、南亚货物经过空运至郑州，在郑州国际陆港多式联运监管中心重新装箱，走铁路运到欧洲。欧洲的货物通过郑欧班列到达郑州，同样到达郑州国际陆港后通过公路运输运到机场，再空运到亚洲各地。

二、甘肃省枢纽建设现状

“一带一路”倡议为甘肃迈入我国对外开放的前沿提供了重大机遇，为甘肃产业转型高质量发展提供了珍贵的历史性机遇。甘肃与陕西东连、与内陆腹地相通，向西连接天山南北、直通中亚西亚，向南与青藏高原相邻，向北与蒙古高原相接，是欧亚大陆桥最主要的区域性通道，占到了陆路丝路的1/4，占据中国境内丝路的1/2，是名副其实的丝路黄金段。在这种区位优势下，甘肃省的枢纽建设取得较大进展，转型升级和特色服务发展加快，对经济和社会发展的基础性、服务性作用进一步增强。

“一带一路”倡议使甘肃省良好的基础条件越发凸显，甘肃省积极融入和服务“一带一路”倡议，提出并着力打造丝绸之路经济带黄金段，取得了明显的阶段性成效。一是丝路通道枢纽的定位正在加速实现。主要表现是综合保税区的建设、国际货运班列的数量增多与航空口岸的正式开放，通道枢纽雏形逐渐形成。二是经贸往来日益频繁。甘肃省已先后组织200多家企业赴国外洽谈合作，深化与沿线国家经贸合作。三是对外交流逐步加强。除经济方面合作外，人文领域交流范围也不断扩大，目前已与沿线地区缔结友好省州25对、友好城市27对，有近1200名中西亚的国家的学生来甘肃省交流学习。总体而言，甘肃省以打造通道枢纽制高点为抓手，深化与“一带一路”倡议的对接，尤其是在基础设施建设等方面下大力气，力图构建高效率、立体化的物流通道和经济走廊。

（一）对外开放

由图2－10可以看出，2020年甘肃省（境内目的地/货源地）进出口总额为560234万美元，相比2019年增长了23051万美元，同比增长4.3%。2020年甘肃省（境内目的地/货源地）出口额为180906.6万美元，相比2019年减少了40480万美元，同比下降18.3%。2020年甘肃省（境内目的地/货源地）进口额为379327万美元，相比2019年增长了63530万美元，同比增长19.8%。

2018年，甘肃省进出口总额约647950万美元，与2017年同期值相比增幅达到23.5%，其中172.9亿元进出口总值是与“一带一路”沿线国家及地区完成的，比2017年同期增长了18.6%，占到甘肃省进出口贸易总额的43.8%，这说明“一带一路”倡议下甘肃省国际贸易市场仍有发展潜力。

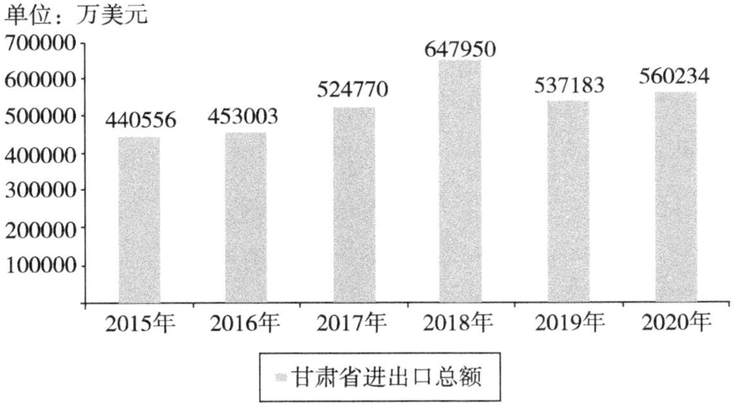

图 2－10　2015—2020 年甘肃省(境内目的地/货源地)进出口总额

(数据来源:《甘肃发展年鉴》)

由图 2－11 可以看出,从 2015 年开始,到 2019 年,甘肃省对外经济合作呈连续增长态势。由图 2－12 可见,甘肃省在 2015 年后已无对外借款,外商投资金额逐年持平。2019 年全省实际到位资金 2593 亿元,比 2018 年增长 22.85%,2019 年实际利用外资 8205 万美元,较上年增长 62.77%,全省对外承包工程完成营业额 3.91 亿美元,增长 11.2%,外派劳务 3469 人。2019 年,甘肃省与“一带一路”沿线国家实现进出口 200.9 亿元,增长 2.8%,占全省外贸总值的 52.9%,比重提升了 3.8 个百分点。甘肃省企业在“一带一路”沿线国家实际投资额 11319 万美元,比上年增长 3.8 倍。在“一带一路”沿线国家承包工程 18 项,完成营业额 23619 万美元,比上年增长 29%。现已形成四大国际贸易通道,即中西欧通道、中亚通道、南亚通道和国际陆海贸易新通道。截至 2021 年 8 月,甘肃与“一带一路”沿线国家累计贸易额 1074 亿元,占贸易总额的比重达 36.2%,高于全国平均水平。甘肃省已与 180 多个国家和地区发生贸易往来,与 55 个境外商协会建立了合作机制,已在白俄罗斯、伊朗、土耳其、哈萨克斯坦、吉尔吉斯斯坦、印度、印度尼西亚、马来西亚、阿塞拜疆、俄罗斯、泰国以及我国新疆霍尔果斯等“一带一路”沿线国家及城市相继设立了12个商务代表处，辐射中亚、西亚、中东欧、东南亚、南亚等“一带一路”沿线国家，形成了向西开放多点分布的格局。甘肃还专门成立了向西开放经贸合作工作办公室，在丝路沿线国家举办商品展销会和推介会，与哈萨克斯坦、伊朗、吉尔吉斯斯坦等“一带一路”沿线国家和地区经贸签约项目上百个。开通中欧、中亚、南亚公铁联运、陆海新通道及“中吉乌”新通道等4向5条国际货运班列，累计货运145.6万吨，货值26.47亿美元；中川国际机场旅客吞吐量突破1500万人次，敦煌空运口岸成为全国第二个县级航空口岸。

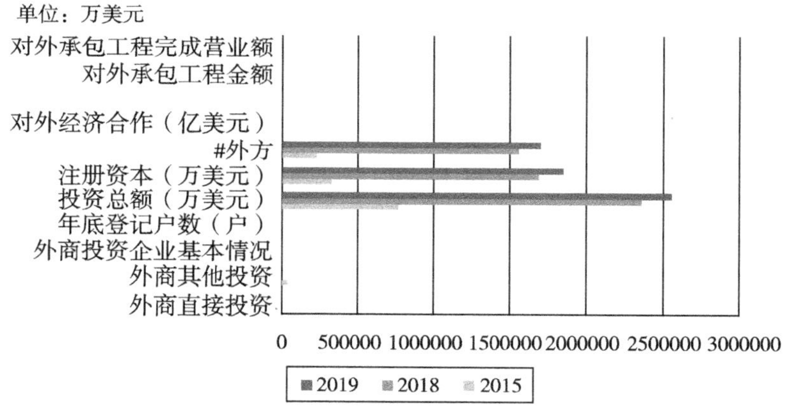

图2－11 甘肃对外经济贸易对比分析(2015年、2018年、2019年)

(数据来源:《甘肃发展年鉴》)

图2－12 甘肃省利用外资情况对比

(数据来源:《甘肃发展年鉴》)

（二）保障因素

枢纽制高点的建设，离不开人才、信息技术等方面的支持。甘肃省历年交通运输、仓储和邮政业就业人员和移动电话与互联网用户情况如下。（见图2－13）

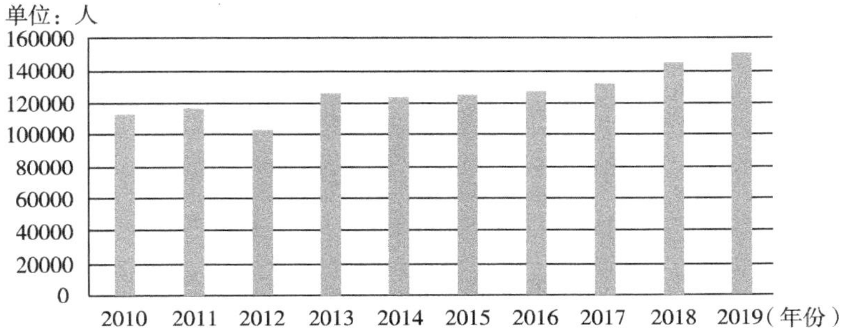

图2－13　2010—2019年甘肃省交通运输、仓储和邮政业就业人员

（资料来源：《甘肃统计年鉴》）

由图2－13可以看出，2010—2019年甘肃省交通运输、仓储和邮政业就业人员数量总体呈现出不断上升的趋势，表明交通运输、仓储和邮政业就业人员数量不断增长，这为甘肃不断发展物流提供了人力资源保障。

另外，2019年，全省完成电信业务总量1958.5亿元，比上年增长64.3%，电话用户达到3082.9万户，增长0.6%，其中，移动互联网用户2323.1万户，增长3%。全省5G网络建设投资2.85亿元，新建5G基站996个，完成站点配套改造2575个。这说明甘肃省交通物流的信息化基础设施日趋完善，为物流通道的枢纽地位提供了有力的信息基础设施支撑。2019年全省完成邮政行业业务收入43.49亿元，比上年增长16.72%，邮政行业业务总量38.63亿元，增长24.41%。全省快递服务企业业务量10371.22万件，增长

16.38%，业务收入22.64亿元，增长20.09%。

（三）基础设施

近年来，甘肃省着力加强对各类交通物流基础设施建设，基本形成了铁路、公路、民航、管道等多类运输方式构成的综合交通物流运输体系。初步形成由陇海、兰新、兰青、包兰、宝成、宝中、干武7条国家干路线路和专用线构成的铁路网，同时连霍、兰海、G312、G109等高速公路、国道也形成了四通八达的公路网络。甘肃着力构建以兰州为区域中心，连通西北和西南的立体化、便捷化的交通物流体系架构，打造“一带一路”西北陆海联运战略枢纽。营业总里程是指在一定时期内办理客货运输业务的运输线路总长度，是运载能力的重要衡量指标。

由图2－14可以看出，2010—2019年甘肃省内铁路、公路、高速公路营业里程呈递增趋势，其中公路营业里程一枝独秀且增势迅猛，均凸显甘肃省作为通道枢纽的重要性。由图2－15可以看出10年间甘肃省客运总量变化。自2015年以后逐渐稳中有进，铁路运送旅客数量逐年增多，公路运送旅客数量有所下降，这与甘肃省近年来高速铁路发展密不可分。

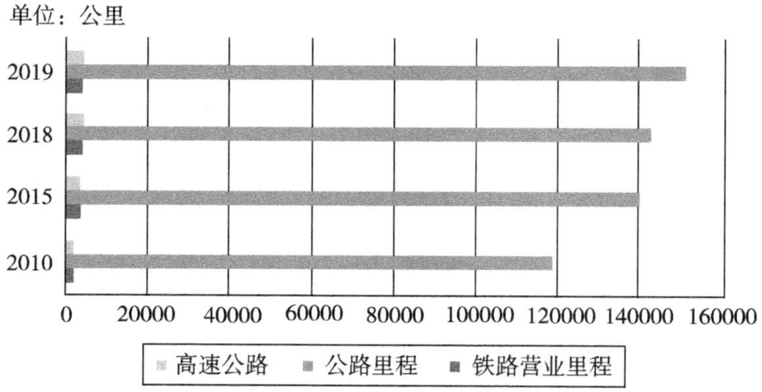

图2－14　甘肃省铁路、公路、高速公路营业里程

（资料来源：《甘肃发展年鉴》）

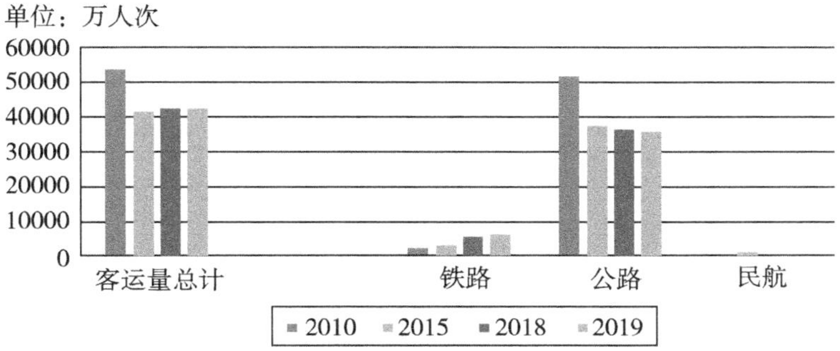

图 2－15　甘肃省客运量总计

（资料来源：《甘肃发展年鉴》）

货运量一般是指在给定的一段时间内各种交通运输工具托运各类货物总额的实际值。2010—2019 年甘肃省货运量对比如图2－16所示。货运总量在 2010—2018 年增长迅猛，2018 年达到最高，2019 年次之，其中公路承载大部分货运量。表明甘肃省公路运输能力得到了大幅提升，且相比于铁路运输承担了更多的货物运输总量。

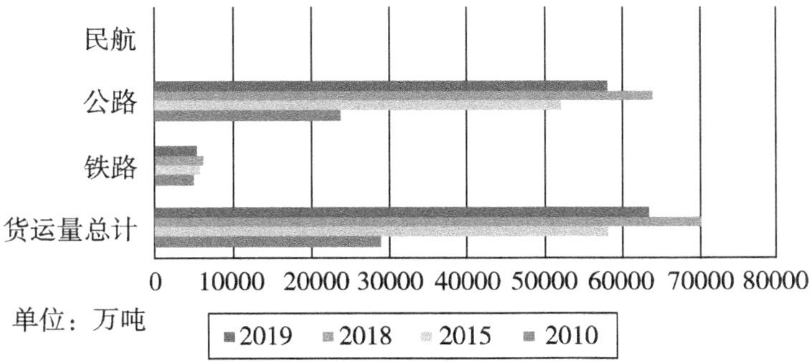

图 2－16　甘肃省客运量总计

（数据来源：《甘肃发展年鉴》）

货物周转量一般是指在给定的时间段，由各类物流工具运输全部货物完成的总额，是对特定时期内交通运输行业生产总值的总计。相比于货运量，货运周转量多出了物流空间距离的实际值这一重要参数,这在客观上能科学合理地说明交通运输的产值和贡献。2010—2019 年甘肃省货物周转量如图 2 - 17 所示。由图 2 - 17 可以看出,2010—2019 年甘肃省的各条货物运输线路上的周转量都在增长。其中铁路货物周转量持续增长,公路货物周转量在 2018 年达到近年来峰值。

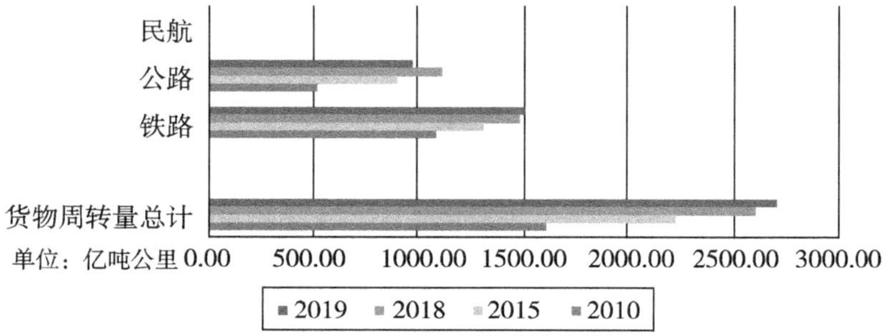

图 2 - 17　2010—2019 年甘肃省货运周转总量

(数据来源:《甘肃发展年鉴》)

为了更清晰地比较各运输方式货物周转量的占比情况,以 2019 年货物周转量为例进行比较分析。

由图 2 - 18、图 2 - 19、图 2 - 20 可以看出,整体上甘肃省货物周转量集中在以铁路和公路为主的交通物流方式上。公路及铁路历来是甘肃省运输业的主渠道,而且在短期内还无法取代。铁路大于公路货物周转量,主要原因是甘肃省铁路运输距离远远大于公路,这从另一侧面也反映出铁路是甘肃省主要的长距离运输方式。

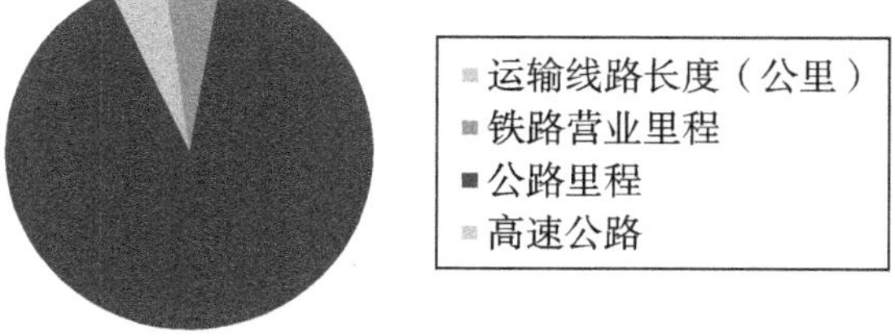

图 2 - 18　2019 年甘肃省各运输方式运输长度比例

(数据来源:《甘肃发展年鉴》)

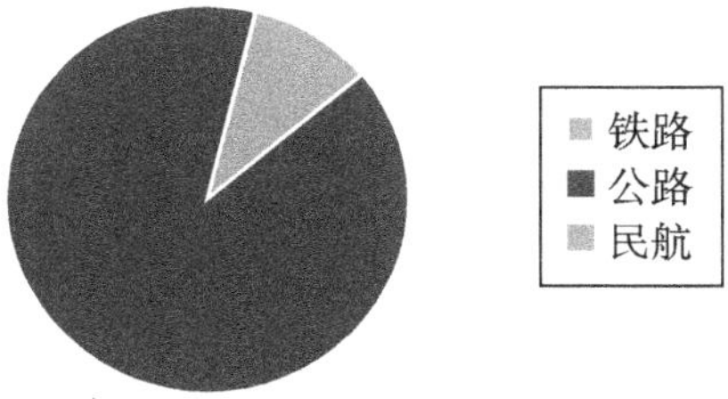

图 2－19　2019 年甘肃省各运输方式货运总量比例

（数据来源：《甘肃发展年鉴》）

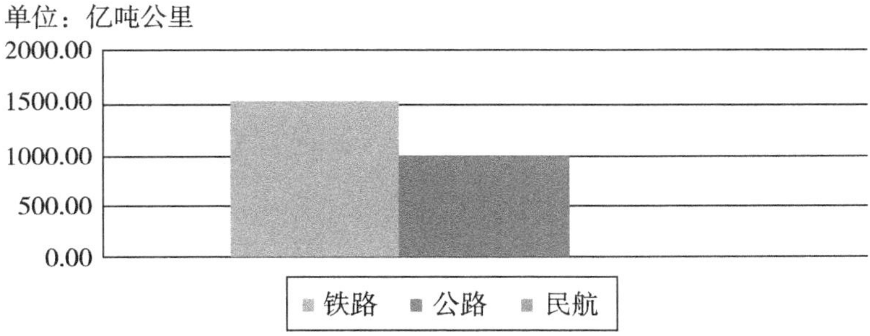

图 2－20　2019 年甘肃省各运输方式货运周转量

（数据来源：《甘肃发展年鉴》）

（四）商贸通道

甘肃是西部陆海新通道建设的主要发起方和重要参与方，运用航运、铁道、公路等多元化的运输手段，从兰州市向南经过重庆市、贵州省等地，借助广西壮族自治区北部湾等沿边对外口岸，连通新加坡乃至东盟国家的重要交通物流渠道，从而实现向大洋洲、中亚、东南亚等国家和地区的全覆盖。2017 年 9 月，从兰州第一次正式发出了兰渝、陇桂铁海货运联合运输班列，此后，又陆续组织发行了兰州至北部湾用于测试的冷链国家班列。据统计，截至 2017 年年底，自兰州铁路局发往成都、昆明的石油、煤炭、焦炭、化肥农药、粮食、钢铁化工品等货物总计 74027 车次、424.2 万吨位。2018 年 5 月，甘肃（兰州）国际陆港在广西南宁市设立了办事处，进行南向通道货物的集结和发运。面向西部陆海新的物流通道，甘肃省已初步形成了“一条龙”和“一单制”全过程铁海联合运输的综合服务模式，基本上形成了以区域合作作为基本辐射，带动“一带一路”沿线国家和地区互利合作共赢的良好局面。

（五）国际班列

借助“一带一路”倡议纵深推进，甘肃省与“一带一路”沿线国家和地区贸易往来日趋活跃，特别是与欧洲地区、中亚五国、南亚次大陆、东盟国家双边贸易更是频繁。其中，国际货运班列在甘肃省与各国的贸易活动中发挥着重要作用。甘肃的国际货运班列主要有中欧、南亚、中亚、西部陆海新通道四个方向。

中欧国际货运班列方面，甘肃（兰州）国际陆港与其他开通中欧国际班列的省市以及沿海港口城市建立合作联盟，优化整合编组，提高运输效率。兰州新区中欧班列进口木材专列达到了班次开行的常态化效果。甘肃省白银市也首发了到阿拉木图的中欧间国际货物运输专列。

中亚国际货运班列方面，甘肃（兰州）国际陆港中亚班列自首发以来，基本实现了常态化运营，有力地推动了甘肃与中亚五国的经贸互利合作，贸易目的地遍布中亚各地。特别是对“兰州号”国际专列以及宁夏银川市发往乌兹别克斯坦首都塔什干的国际专列、浙江义乌到阿富汗首都喀布尔的中亚专列与浙江义乌到伊朗首都德黑兰的专列进行了有效整合。每周组织发运 2 ~ 3 列，成为发运最多、最成熟的中亚班列，截至 2020 年，兰州陆港共发运国际货运班列 55 列，货重约 5.6 万吨，货值约 2.9 亿元；重庆内贸汽车班列 105 列，运输小汽车约 2.7 万辆。特别是中欧班列“中吉乌”国际货运班列双向贯通，实现了点到点、重去重回往返运输；中亚粮食（大麦）回程班列成功首发，实现了零基础上的大突破；南亚班列作为兰州陆港品牌线路，业内影响力越来越大；西部陆海新通道班列常态化运营，全省龙头地位逐步确立。张掖市首发了甘肃省原产地系列农副土特产品南向通道的国际货物运输班列，经由广西凭祥口岸到达越南。

南亚国际货运班列方面，“兰州号”兰州—加德满都公铁联运班列打通了通往南亚的国际货运通道，是全国唯一一条以铁路运输为主、公路运输为辅、通往南亚的贸易通道，运输时间短、成本低，依托兰州国际陆港的货物集散转运功能，形成规模化运输。2019 年，甘肃（兰州）国际陆港南亚国际货运班列运营稳中向好，合计发运 3192 组，占总发运量的 37%。

2019 年 3 月 15 日，兰州新区铁路口岸开通了国际陆海贸易新通道货物班列，标志着兰州新区铁路口岸作为国际陆海新贸易通道关键节点的作用真正得到初步释放和显现，初步形成了公、海、空、铁全方位全过程全链条的多形式货物运输联合，在兰州新区完成了中东欧、中亚地区、南亚方向等地大宗进出口贸易集散分拨，有效带动兰州新区毗邻区域货物运输企业全面发展，从而为集聚衍生产业奠定了良好基础。2021 年，兰州陆港成为国家指定对尼泊尔开放的 3 个内陆港之一，常态化运营兰州—广西—东盟多式联运班列，“中吉乌”国际货运班列实现双向贯通，与武威陆港合作运营木材口岸和肉类口岸，提高货物集散能力和班列发行频次等。甘肃（兰州）国际陆港 2021 年上半年发运国际班列 111 列，同比增长 200%，已累计发运 780 列。甘肃（兰州）陆港还加强与义乌商贸服务型国家物流枢纽合作，将义乌商品集结到兰州合作发运中欧班列，推动兰州、义乌两地合作框架协议落地实施。打造回程班列分拨中心，2021 年上半年发运西部陆海新通道玉米回程班列 39 列，中亚石油焦回程班列 24 列，特色单品班列运营模式逐渐成熟。

（六）口岸平台

口岸对外开放步伐加快。随着以航空、铁路、指定口岸以及特殊监管区域等全方位对外开放的各类平台体系的逐渐形成，2013 年，国际航空口岸在兰州市中川机场对外正式开放，这标志着国内所有省会城市口岸全部开通，2018 年已开通 24 条国际和地区航线。2019 年 5 月，兰州海关、国检联合验收通过了兰州市铁路口岸监督管理区，这标志着我国第九个内陆对外开放口岸正式开通运行。目前已达到了手续便捷、成本节约、时效高和一次报检、一次查验、一次放行的标准，具备“港口后移、多式联运、就地办单、无缝对接”的功能，被定位为全国铁路运输口岸的合作示范区。随后，武威市物流保税区、兰州新区综合型关税保护区接连获准建设，且实现了封关正式运营。敦煌市航空运输口岸获得批准施行临时性对外货运开放。嘉峪关市航空运输口岸被列入全国“十三五”口岸发展规划，建成了中国（甘肃）国际货物运输贸易的单一性窗口。在指定口岸和监管场所方面，兰州依托航空、铁路口岸先后获批建设进口冰鲜水产品、进境水果、进口粮食、进口肉类、汽车整车进口等指定口岸；位于兰州市新区的综合保税区以及（B 型）陆路港口保税物流中心相继获得海关特殊监管区批复。把武威市的保税物流中心建成为进境肉类指定查验区和进口木材专用监管区。2019 年口岸建设实现了“六个首次”：敦煌航空口岸首次正式对外开放，敦煌至香港特别行政区航线复航，开通至柬埔寨国际航线；兰州航空口岸出入境旅客首次突破 20 万人次；首次实现国际客运航班腹舱带货业务并常态化运营，开通运营兰州至台北、吉隆坡、曼谷腹舱带货业务，2019 年累计执行 77 班，货物 44 吨，4325 万元；首次开通了兰州至巴基斯坦定期全货机航线和兰州至新加坡、比利时货运包机，国际航空货运比上年增长 53%；粮食口岸首次正式运营，进口哈萨克斯坦小麦 2700 吨、525 万元；武威木材制定口岸首次验收开放，全省口岸、海关特殊监管区实现进出口 25.73 亿元，比 2018 年增长 173.7%。另外，口岸营商环境不断优化。积极推广应用国际贸易“单一窗口”标准版，不断拓展业务申报功能，提高业务覆盖率，目前已经上线货物申报、企业资质、许可证件、原产地证、舱单、运输工具、减免税等 13 大类申报功能。降低运营费用，在 2018 年公示的对口岸收费目录清单的基础上，2019 年对甘肃省口岸收费目录清单进行了全面排查，整合收费项目 20 项，降低、免除收费项目 37 项，进一步降低了口岸收费，减轻企业负担。

（七）多式联运

甘肃省积极调整运输结构，促进多式联运的发展。2018 年，甘肃省政府发布《关于积极推进供应链创新与应用的实施意见》，提出甘肃省应推进以兰州为中心的多式联运枢纽站场建设；2018 年甘肃省出台了推进全省货物运输结构调整的 3 年计划，并制订了实施方案，文件提出，要大力实施多形式联合运输的示范项目，积极支持兰州市陆路口岸的国家级联运项目建设，加强对示范性项目的日常运行监测，大力推动从兰州到尼泊尔首都加德满都面向南亚的公路铁路联合运输的国际货物运输专列的示范性项目建设。同时，《新时代甘肃融入“一带一路”抢占“五个制高点”规划》等多个政策文件均支持多式联运发展。

目前甘肃省多式联运发展较为成熟的是兰州国际陆港的南亚

国际货运班列，由兰州陆港出发，依托铁路运输线路到达西藏自治区的日喀则，然后转为公路运输到吉隆口岸中转出境，最终抵达尼泊尔首都加德满都，线路全长 3155 公里，用时 7 天。（见表 2－3、图 2－21）

表 2－3　兰州陆港南亚货运班列多式联运线路

运输方式	运输线路	里程（千米）	用时（天）
铁路运输	兰州陆港—日喀则	2431	3
公路运输	日喀则—吉隆口岸	564	2
公路运输	吉隆口岸—加德满都	160	2

资料来源：甘肃（兰州）国际陆港

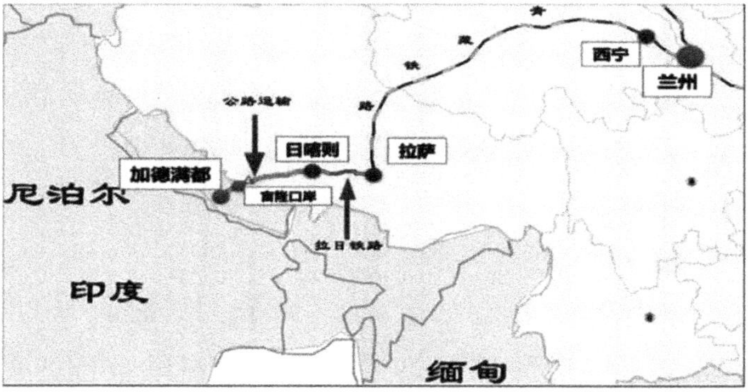

图 2－21　兰州陆港南亚货运班列多式联运线路

（资料来源：兰州国际陆港）

（八）枢纽节点

近年来，甘肃省着力推动兰州市、敦煌市、嘉峪关市三地的国际航空运输港口以及兰州市、武威市、天水市三地的国际陆路港口建设，积极建设综合保税区及物流中心，努力建设面向中亚、西亚以及南亚，服务于国家“一带一路”建设的物流集散和交通运输的重要枢纽。目前，甘肃有三大枢纽节点。

1. 甘肃（兰州）国际陆港

兰州国际陆港是甘肃省建设枢纽制高点的核心内容，定位为丝路沿线国家和地区货物交通运输贸易重要的中转枢纽节点、跨国货物贸易及物资运输集散中心。2015 年 12 月，甘肃省政府将甘肃（兰州）国际陆港确定为全省实施“十三五”规划的标志性工程。2016 年 11 月，甘肃省政府正式批准了兰州市国际陆路港口 5 年总体规划，文件明确提出将兰州市国际港口服务区定位为国际陆路重要港口，港口规划总面积 14 平方公里，突出现代物流业、现代商贸服务业、出口贸易加工等产业，打造服务国家对外开放的重要平台。2018 年 6 月，兰州市委、市政府出台了《关于促进甘肃（兰州）国际陆港加快发展的意见》。至 2019 年年初，兰州市面向“一带一路”沿线的陆路港口累计已实施各类功能性重要项目、道路基础设施及交通物流配套建设项目 27 个，实现固定资产投资总额达到 273 亿元，国际专列货物运输总吨位达 880 万吨，价值总额 60 亿元。目前，兰州铁路口岸正常运行，东川铁路以集装箱运输为主，铁路货运中心已正式投入运营，B 型物流综合保税区已全面建成，多式联运项目列入全国首批多式联运示范工程，多式联运物流园加快建设。国际贸易通道建设和国际班列发运初见成效，开创性地打通了从兰州发往尼泊尔首都加德满都以及发往巴基斯坦首都伊斯兰堡的两条面向南亚次大陆公路铁路联合运输国际物流大通道，与中东欧国家和地区货物运输专列开行取得了重要进展，面向西部陆运海运货物贸易新型链路和专列开行也在逐步进行。

兰州国际陆港通过招商引资等措施，培育优质产业。在巩固特色产业的基础上，创新招商引资模式，吸引中外运、中铁集、京东、苏宁电器等企业洽谈入驻，引进阿里巴巴等全球 500 强企业，鼓励世界级物流企业在陆港投资建设地区性总部和功能性总部，大力发展物流仓储运输产业集群。集聚具有采购、分拨、营销、结算、物流等综合贸易功能的物流企业,带动提升外贸综合服务水平。

2. 兰州新区

兰州新区国际陆港是集物流、仓储、配送、流通加工、包装、信息服务等多样化的综合国际物流中心,致力于建设成为国际物流的节点、多式联运的基地、西部物流的集散中心。当前,兰州新区陆续建成国际陆港、新区北站铁路物流园、综合保税区、中川国际航空港等,2016 年实现年货物吞吐量 10 万吨,2017 年实现年货物吞吐量 82 万吨。2019 年 1—9 月,兰州新区共到发 104 列,货物吞吐量 178042 吨,货值 13045.44 万美元,与去年相比,同比增长 300%。兰州新区北站物流园是兰州新区“十三五”重点实施建设的公铁联运现代物流园,依托新区中马铁路,东接包兰线、罗斯、波罗的海班列。武威保税物流中心在货物原产地等重要交通节点上设立了 6 个物流基地,加大省外集货力度。武威进境木材集中监管区、进口肉类查验场也已获批建设。

3. 甘肃(武威)国际陆港

甘肃(武威)国际陆港不断推进国际货运班列的建设进程。知名的“天马号”国际货物运输专列是中欧间的大通道,其起点位于武威市综合保税区中心,是由德国、俄罗斯、哈萨克斯坦、白俄罗斯四个国家铁路运输公司与兰州市铁路局、武威市人民政府共同参与、共同建设的“一带一路”定期物流运输快速通道。截至 2020 年,“天马号”发行货物总计 51 列,货物运输总周转量达 7.5 万吨,总价值额为 1.57 亿美元。甘肃“武威”国际陆港也已开通到达中亚各国的集装箱货运班列,计划开通线中亚、中东班列,俄罗斯、波罗的海班列。武威保税物流中心在货物原产地等重要交通节点上设立了 6 个物流基地,加大省外集货力度。武威进境木材集中监管区、进口肉类查验场也已获批建设。

三、中国内陆枢纽建设评价指标体系

由于甘肃省特殊的地理位置和国家“一带一路”倡议等政策的实施，本书选择甘肃省与主要内陆枢纽省市进行比较分析，找出甘肃省枢纽建设存在的问题与机遇，进而提出针对性建议。本部分还对甘肃省主要地市的枢纽建设进行了比较分析。

由于中国内陆各省市在经济发展、交通区位、物流设施以及功能服务等方面都存在较大差异，因此有必要对这些影响枢纽建设的因素进行梳理。结合国家标准与相关文献，基于全面性、可比性、可得性和可观测性等原则，项目组确定枢纽综合质量指标评价体系，如表 2 –4 所示。

表 2 –4　枢纽综合评价指标体系

一级指标	二级指标	三级指标
枢纽综合评价指标体系	经济发展水平	生产总值
		交通运输、仓储和邮政业增加值
		交通运输固定资产投资
		进出口总额
	交通基础设施	营业总里程
		货运量
		货物周转量
	其他保障因素	交通运输、仓储和邮政业就业人员
		互联网用户
		移动电话用户

四、国内主要城市枢纽建设比较分析

本部分以枢纽综合评价指标体系为依据，以已公开出版的统计年鉴、发展年鉴为基础，并结合各省区市相关公开数据，主要利用各省区市2018年、2019年、2020年的各指标数据，对甘肃省、陕西省、河南省、广西壮族自治区、四川省、贵州省和重庆市7个重要枢纽中心省区市的枢纽建设情况进行综合评价与分析。

（一）经济发展水平

经济发展水平与枢纽建设紧密相关，在很大程度上决定了物流枢纽的发展。本书分别从国民生产总值，交通运输、仓储和邮政业增加值，进出口总额和交通运输固定资产投资，分析中国内陆省区市社会经济发展水平。

地区生产总值一般是指一个地区常住的所有单位在一段时间内全部生产活动的最后成果，也是衡量一个地区物流发展水平的基础条件。从图2-22可以看出，2019年甘肃的国民生产总值与其他中西部省份尚存在较大差距，这反映出甘肃省的经济基础较为薄弱。由于经济水平是枢纽建设的重要基础，因此从侧面也反映出甘肃枢纽建设的经济基础较为薄弱。

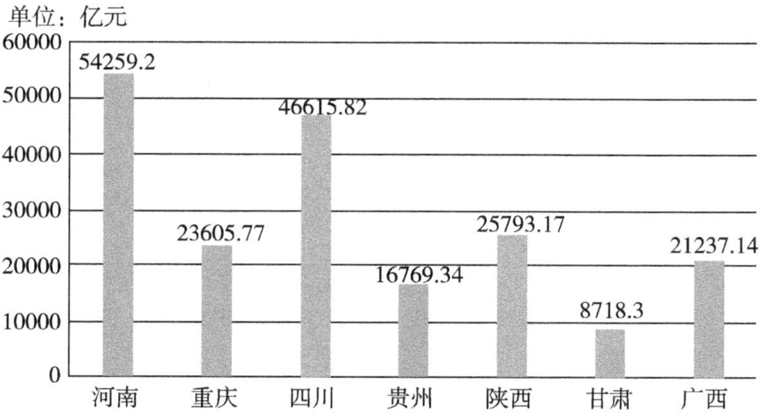

图2-22　2019年各省区市生产总值

（资料来源：《中国统计年鉴（2020）》）

交通运输、仓储和邮政业的增加值可以表明物流业发展速度的快慢。从图 2－23 可以看出，2019 年甘肃的交通运输、仓储和邮政业与其他地区相比，增加值过少，仅为河南省的 14.7%，这反映出甘肃省物流业发展较为缓慢。

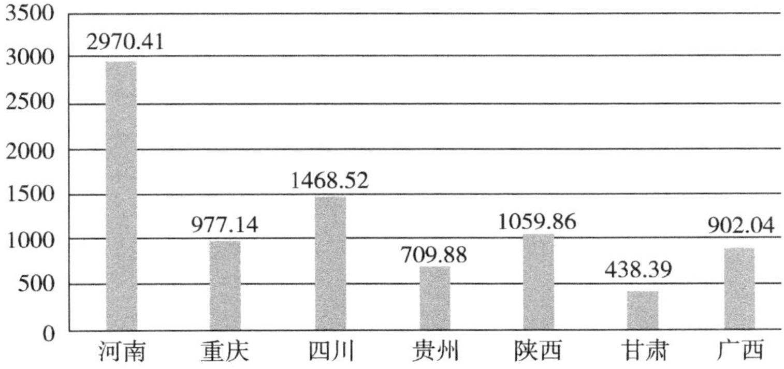

图 2－23　2019 年各省区市交通运输、仓储和邮政业增加值

（资料来源：《中国统计年鉴（2020）》）

进出口总额一般是用来计量对外贸易的关键指标，图 2－24 直观反映了 2019 年甘肃全省进出口总额偏低，勉强占到河南省的 6.7%，充分说明甘肃省处于对外贸易低层次发展水平。

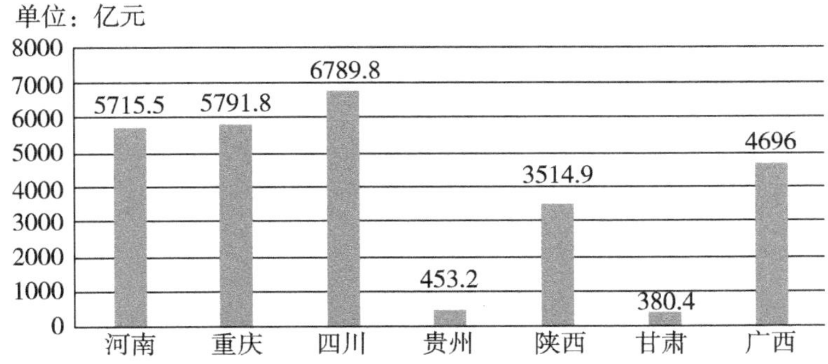

图 2－24　2019 年各省区市进出口总额

（资料来源：《中国统计年鉴（2020）》）

交通运输设施的新建和维护需要大量资金投入,交通运输固定资产投资反映了交通运输设施发展状况。从图 2 - 25 可以看出,2019 年甘肃省的交通运输固定资产投资仅占四川省交通运输固定资产投资的 21.7% 左右,和其他内陆地区相比差距仍然较大,表明甘肃省交通运输设施发展水平落后。

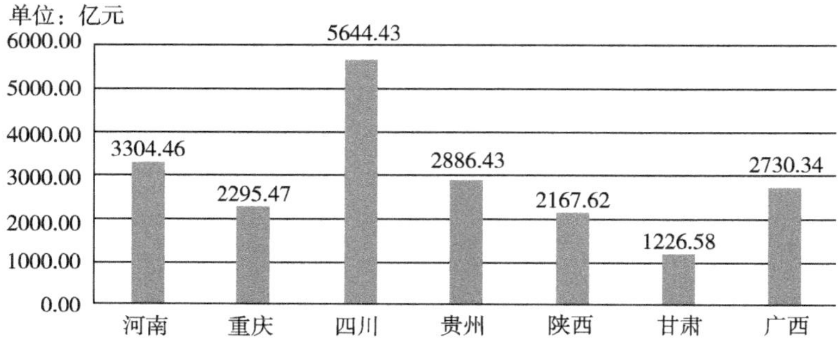

图 2 - 25　2019 年各省区市交通运输固定资产投资

(资料来源:《中国统计年鉴(2020)》)

(二)交通基础设施

交通基础设施先行建设对于发展现代物流非常重要。课题组主要从营业总里程、货运量和货物周转量等方面评估交通基础设施的发展现状。

由图 2 - 26 可以看出,2019 年甘肃省公路营业总里程落后于其他内陆省区市,反映出甘肃省公路运载能力相对较弱。由图 2 - 27可以看出,甘肃省铁路营业里程明显高于重庆市和贵州省,与四川省、陕西省和广西壮族自治区差距较小,反映出甘肃省铁路运载能力相对较强。

货运量是指在一定时期内运输的货物数量,反映出该地区物流规模的大小。从图 2 - 28 可以看出甘肃省的货运量明显低于河南省，与陕西省等其他西部地区也存在较大差距，反映出甘肃省的物流规模较小。

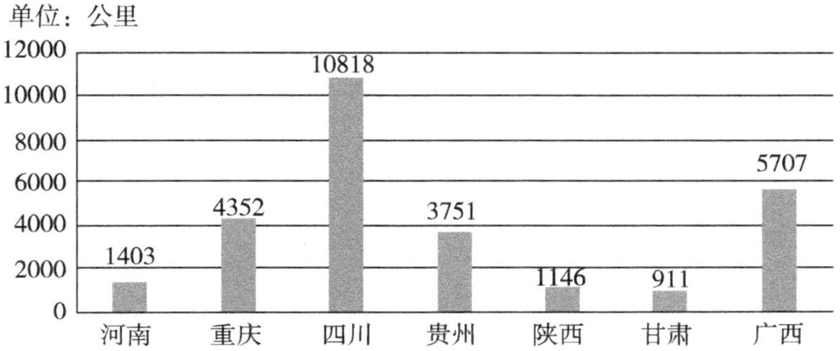

图 2－26　2019 年各省区市公路营业里程

（资料来源：《中国统计年鉴(2020)》）

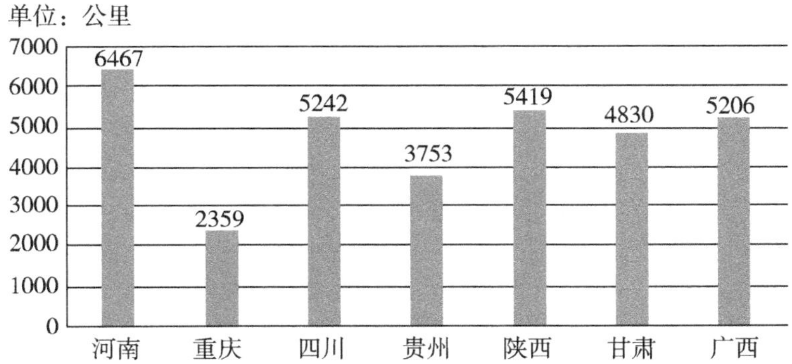

图 2－27　2019 年各省区市铁路营业里程

（资料来源：《中国统计年鉴(2020)》）

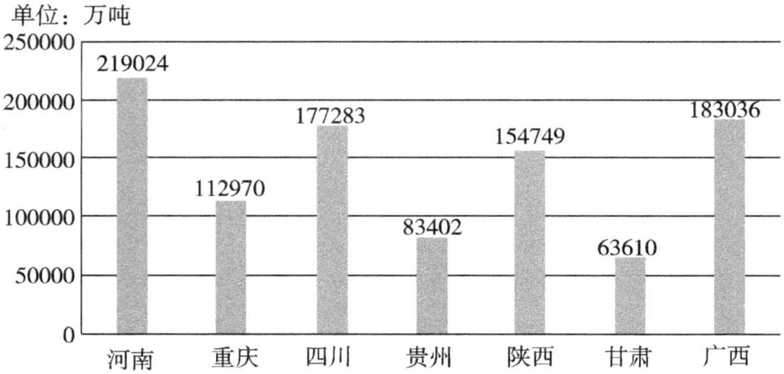

图 2－28　2019 年各省区市货运量

（资料来源：《中国统计年鉴（2020）》）

货物周转量是用一段时间内的重量和运输距离的复合计量单位计算的货物运送的数量总额，是一个时间段的总运送量。与货运量相比，因为货物周转量计入了运送距离的参数，从而能较科学合理地反映货物运输的总成果。由图 2－29 可以看出，2019 年甘肃省货物周转量仅仅高于贵州省，与河南省、陕西省和广西壮族自治区差距较大，说明甘肃省总运输量较为落后。

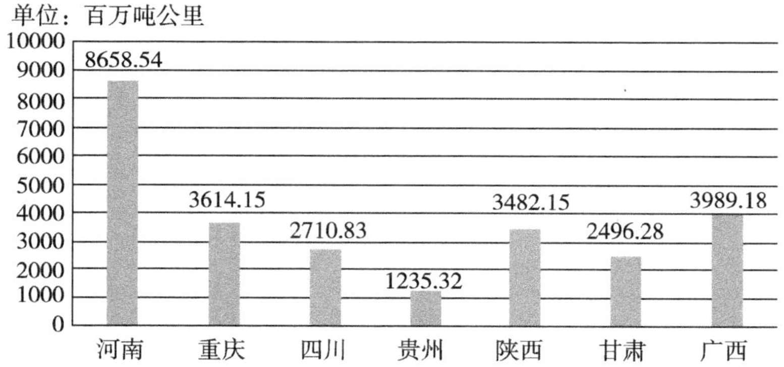

图 2－29　2019 年各省区市货物周转量

（资料来源：《中国统计年鉴（2020）》）

（三）其他保障因素

本部分将分别从交通运输、仓储和邮政业就业人员，移动电话用户和移动互联网用户三个方面评价各省区市的物流枢纽发展现状。

交通运输以及仓储和邮政业类从业人员主要是指与交通物流运输行业有关联性的各类服务人员，是提升交通物流枢纽节点功能的有力支撑。由图 2－30 可以看出，2019 年甘肃省交通运输、仓储和邮政业就业人员较少，仅约占河南省的 58%，反映出甘肃省物流枢纽建设相关的服务人员较少，缺乏物流发展的人力资源保障。

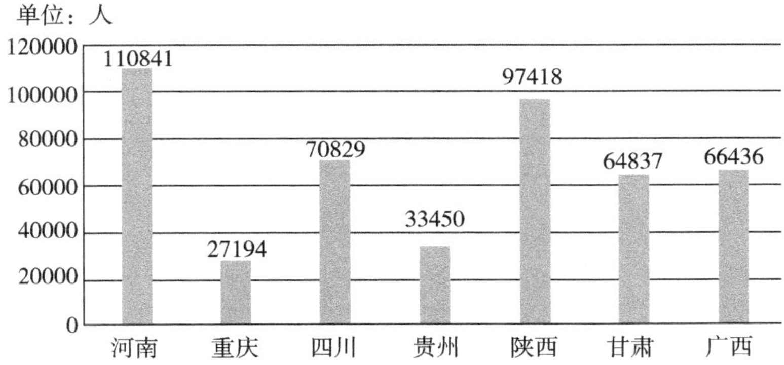

图 2－30　2019 年各省区市交通运输、仓储和邮政业就业人员

移动电话用户和移动互联网用户的数量可以很好地反映物流信息基础设施发展状况。由图 2－31 和图 2－32 可以看出，甘肃省移动电话用户和移动互联网用户的数量较少，反映出甘肃省物流信息基础设施较为落后。

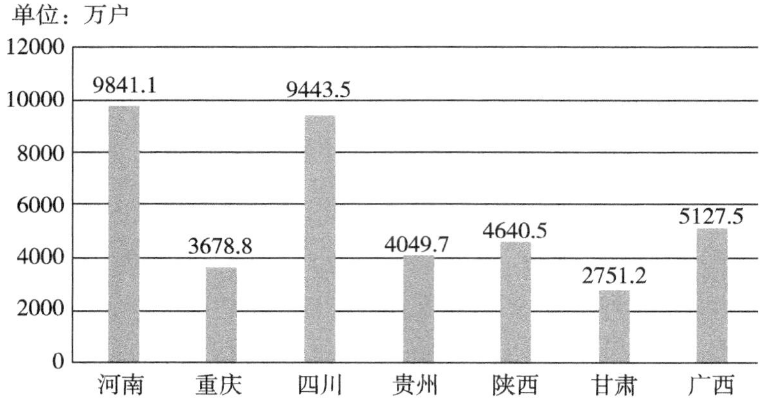

图 2-31　2019 年各省区市移动电话用户

（资料来源:《中国统计年鉴(2020)》）

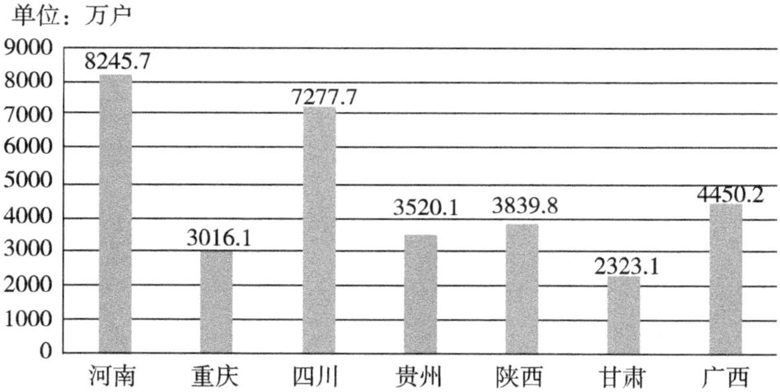

图 2-32　2019 年各省区市移动互联网用户

（资料来源:《中国统计年鉴(2020)》）

（四）物流园区建设

本书主要选取河南省郑州市、陕西省西安市、甘肃省兰州市和重庆市的主要物流园区进行分析。

1. 郑州市

郑州市内规模最大的物流园区是郑州国际物流园区和郑州航空港物流园区。郑州国际物流园区规划面积约 86 平方公里，是河南省内非常重要的衔接铁路运输和航空运输的物流园区，拉动了河南省物流行业的整体水平。位于河南省郑州市的空港物流园区是郑州市空港区的主要组成部分，其核心功能是服务新郑机场的各类物流活动。郑州空港区是我国首个国家级的空港经济综合实验区，总规划占地面积为 415 平方公里，作为港区主要构成的空港物流园区，相比于郑州市的其他物流园区，规模已相当大了。2011—2018年，园区固定资产投资累计完成 895 亿元，年均增长率 22%；主营业务收入累计完成 2070 亿元，年均增长 37%，已成为河南省最具发展活力、最具代表性和集聚体量最大的现代物流产业集群。

2. 重庆市

重庆国际物流枢纽园区是中新互联互通项目“陆海新通道”以及“渝满俄”、“渝甬”等跨境联运大动脉的起点，开创了重庆乃至全国陆上互联互通的新时代。园区逐渐形成了全方位的立体开放态势。重庆航空物流园集保税物流、快件快递业务、航空货物分拨集散、货运代理等功能于一体，基本上实现了主营医药温控储存、生鲜冷供应链、电子商务仓储、货物运输供应链、航空运输物流链、快捷递运的多生态物流业务服务重庆全域、承接川东黔北地区以及东亚、东南亚国际航空物流的需求。

3. 西安市

陕西西安的国际港口服务区位于西安市城区中心的灞渭三角区，渭、泾、灞、浐四条河形成众水拱港格局，规划控制区 120 平方公里，规划建设面积 89. 89 平方公里，区位优势明显，骨干路网与西安三环路、绕城高速无缝对接，距离西安咸阳国际机场 28 公里。

陕西省西安国际港综合服务区依托已有的铁路、公路等运输通道，立足与沿海城市国际综合港口合作，构建内陆性海、陆联合运输型的主要聚集地和重要结合点。着力挖掘西安市九省通衢的区位交通优势、雄厚的产业基础优势和通达八方的物流需求侧优势，西安市整合资源全力构建跨国型物流运输体系大平台，初步形成了B型综合保税区、国际货物运输流通区、国内综合型物流区和物流产业集聚区的"一中心两翼"国际物流格局。此外，西安市国际港综合服务区是国内沿海国际港口城市多类型功能性服务在西北地区的延伸和集约式功能区，从而也实现了国际与国内两大物流体系的汇合。冠以五大组团之一称号、位于西咸新区的空港新区，地处以西安市国际航空港为中心的渭河北部区域，借助咸阳市国际机场便利条件，大力发展临空型物流贸易、跨国性商务贸易、飞行器生产组装维修等产业，努力打造临空型高端制造业集聚区。规划总面积144.18平方公里，建设用地36平方公里，规划形成"一核、双心、两环、四区"的总体布局框架。即构建以机场为核心的产业发展引擎，建设东西两大门户中心，以机场服务环为内环、城市发展环为外环，建设临空科技与高端制造及物流片区、商贸会展及创新发展片区、都市生活及服务片区、田园农业片区。中国民航总局于2014年5月正式批准西安市为航空城实验区，这是我国首个定位国家级航空城的临空型综合经济区。

4.兰州市

兰州东川铁路货运中心设计货运能力3050万吨，截至2017年年底，累计完成货物吞吐量总量为1868万吨，是我国西北地区综合性铁路货物运输集装箱主要区域，具备了整列集装箱专列编组和集散疏导等多功能、多用途的条件。兰州新区中川北站物流园依托新区中马铁路建设，东接包兰线、西接兰新线，已成为河南省最具发展活力、最具代表性和集聚体量最大的现代物流产业集群。核心区占地3200亩，计划建设铁路装卸线14条，建成后年吞吐量预计达1400万吨。截至2019年，已建成6条铁路装卸线，形成以装卸线为中心的4个核心功能区，分别为仓储配送综合管理区、铁路货场作业区、铁路口岸作业区、重金属物流区。

由图2－33可以看出，兰州市与其他省市物流园区相比，投资规模较小，特别是与中部地区的郑州相比差距较大。

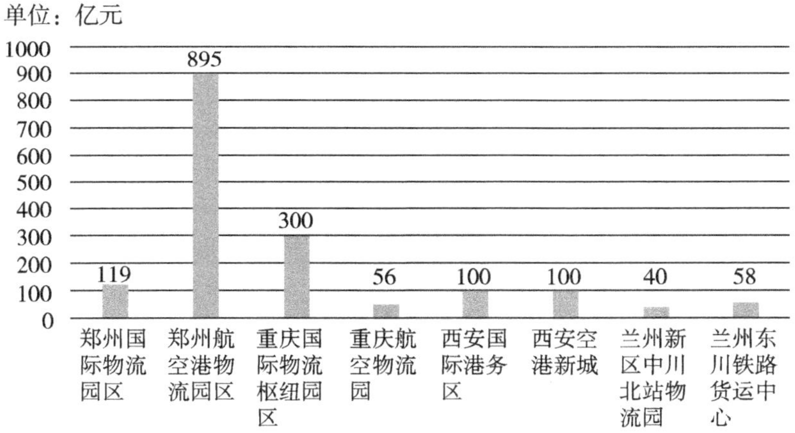

图2－33　各物流园区投资规模

（资料来源：各物流园区官网）

（五）国际货运班列

2018年，郑州市、兰州市、西安市、重庆市和成都市中欧班列开行数据分析如下：

1. 郑州市

截至2018年12月6日，“一带一路”中国至欧洲（郑州方向）专列共发行1689班次，货物运输价值总额达到32.3亿美元，货物交易总净重为34.68万吨。2018年从郑州发行中欧专列总计752

班次，同时又新增郑州至乌兹别克斯坦塔什干、比利时列日、越南河内等货物运输专列。

2. 重庆市

截至2018年11月，自国内开往欧洲的专列（重庆方向）共有2630班次，累计运送货物总量超过16万标准集装箱，货物贸易总价值额达到200亿美元，总价值已经占到国内所有发往欧洲班列的35%。其中，2018年中欧班列（重庆）开行1442列，新增重庆至越南、德国汉堡、伊朗、白俄罗斯明斯克、德国曼海姆等货运班列。

3. 成都市

截至2018年12月13日，自成都发往欧洲的班列总计约3000列，特别是国境外中转站增加到24个，“蓉欧+”双向联通专列已拓展到24个沿海、沿边城市。其中，2018年中欧班列（成都）开行1587列，新增成都至奥地利维也纳、德国杜伊斯堡、匈牙利布达佩斯、德国不来梅哈芬、德国汉堡等货运班列。

4. 西安市

2018年中欧班列（长安号）开行1235列，是2017年的6.37倍，新增从西安市发往白俄罗斯、比利时王国根特、伊朗及阿富汗地区、意大利米兰市、拉脱维亚里加等货运班列。

5. 兰州市

2018年中欧班列（兰州）开行115列，发送35列，到达80列，共计6823车，吞吐货物约25万吨。并新增兰州至尼泊尔加德满都、巴基斯坦伊斯兰堡等货运班列。

（六）总体分析

在国家“一带一路”倡议以及进出口贸易相关政策的支持下，中欧班列实现了质与量的同步快速发展，2018年中欧班列共开行

6300 列，同比增长 72%。其中郑州市、兰州市、西安市、重庆市和成都市的中欧班列开行量如图 2－34 所示。

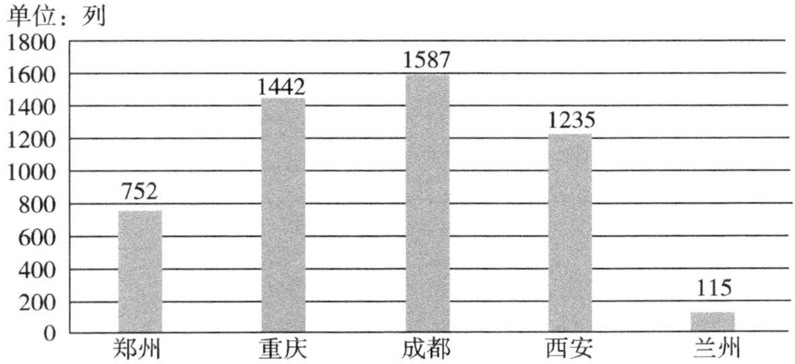

图 2－34　2018 年中欧班列开行情况

通过图 2－34 可以看出，中欧班列（兰州）开行量明显低于其他中西部省市，兰州应借鉴成都和重庆等城市运营中欧班列的经验，依托中欧班列西通道，不断提升物流辐射和服务能力。

五、甘肃省主要地市枢纽建设比较分析

在"一带一路"倡议下，甘肃省加快推进物流枢纽建设，形成了一批具有一定规模和资源集聚辐射能力的物流枢纽，兰州市、天水市、武威市和酒泉市的物流纽建设情况分析如下。

（一）经济发展水平

由图 2－35 可以看出，兰州市的生产总值明显高于其他地市，而其他地市之间生产总值相差无几，反映出兰州市的物流发展的经济基础相对甘肃省其他地区较为雄厚。

由图 2－36 可以看出，兰州市的进出口总额远远超过甘肃其他地区，这主要与兰州相对发达的国际贸易有关。随着"一带一

路”倡议的不断推进，甘肃（兰州）国际港务区的枢纽作用也日益凸显，最终促使兰州的进出口总额不断增长。

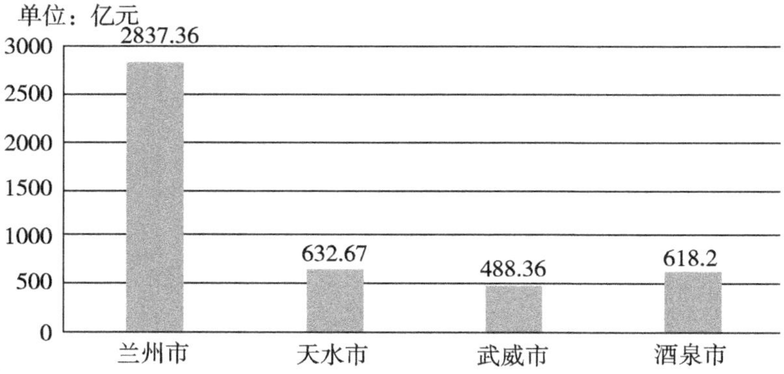

图 2－35　2019 年甘肃省各地市生产总值

（资料来源：《甘肃发展年鉴（2020）》）

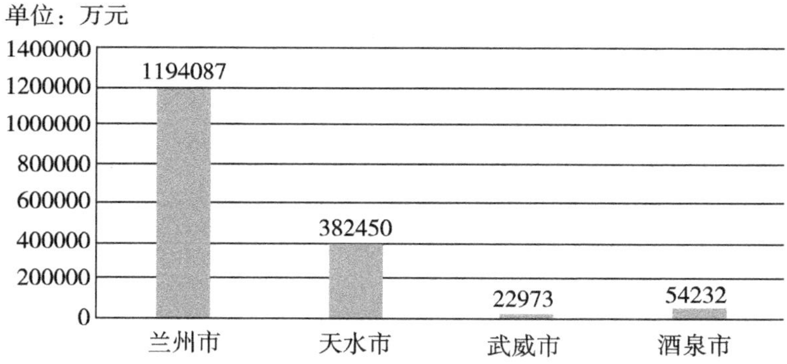

图 2－36　2019 年甘肃省各地区进出口总额

（资料来源：《甘肃发展年鉴（2020）》）

（二）交通基础设施

由图 2－37 可以看出，兰州市公路总里程低于其他地区，反映出兰州市公路物流运载能力低于甘肃其他地区。

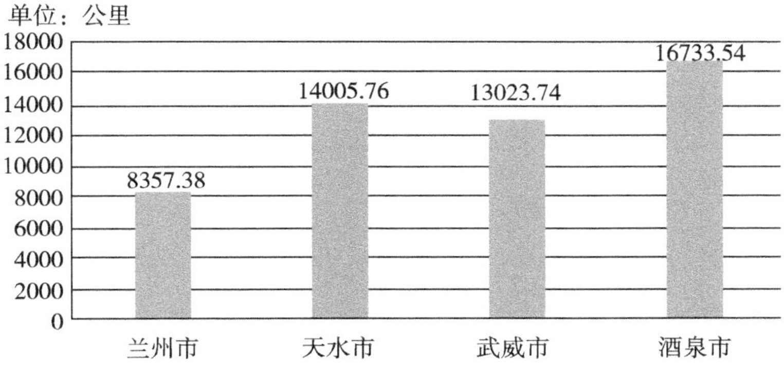

图 2－37　2019 年甘肃省各地区公路总里程

（资料来源：《甘肃发展年鉴（2020）》）

（三）其他保障因素

由图 2－38 和图 2－39 可以看出，甘肃省各地区移动电话用户和移动互联网用户分布情况基本一致，用户占比明显不平衡，特别是移动电话用户以及移动互联网用户明显高于甘肃其他地区一般用户，这充分说明兰州市交通物流运输信息基础设施配套水平较高。

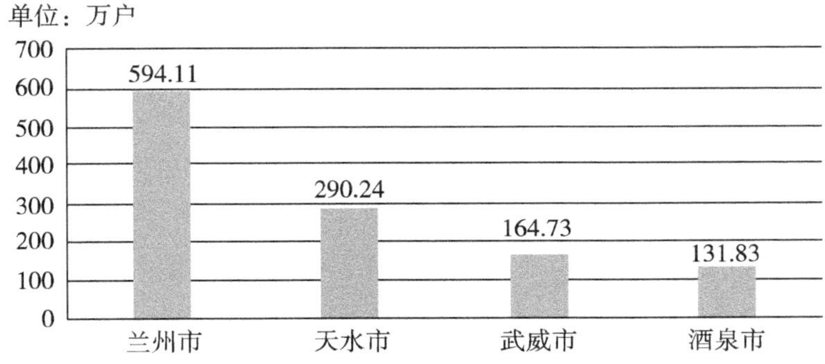

图 2－38　2019 年甘肃省各地区移动电话用户

（资料来源：《甘肃发展年鉴（2020）》）

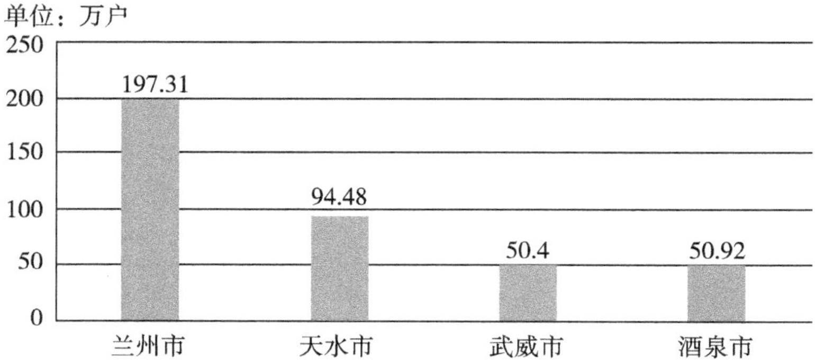

图2－39　2019年甘肃省各地区移动互联网用户

（资料来源：《甘肃发展年鉴（2020）》）

六、甘肃省建设“一带一路”通道枢纽的综合分析

虽然甘肃省在建设枢纽制高点的区位优势明显，但受经济、社会等多方面因素的限制，甘肃省枢纽制高点建设面临着不少问题，在建设前景方面也面临着诸多挑战。认真审视甘肃省枢纽制高点打造过程中存在的主要问题，对于推动甘肃省“一带一路”建设具有重要的现实意义。

（一）思想观念上的依赖倾向明显，自主创新意识薄弱

作为欠发达的西部省份，甘肃省“一带一路”建设的思想观念和思维方式方面存在明显的路径依赖倾向，对外开放的体制和机制与东部先行对外开放省份趋同化的现象比较突出。学习和借鉴东部先行省份的成功经验的深度不够，自我探索的能力不足，自主创新意识不够，等政策、等经验、等模式、等财力支持的现象比较突出。

（二）产业结构不合理，自然资源利用率低

省内大部分产业均处于产业链低端，对资源的挖掘和利用没有达到最优化。从历史上看，甘肃省的产业集群与资源分布相一致，以化工业、制造业、重工业为主导。从全省整体经济比重来看，主要以石油化工、有色金属工业为重头戏，但发展模式仍然以粗放型为主，产品附加值较低，资源利用与整合率低，成本较高，生产要素的投入产出质量不高，第三产业占比失衡。

2019 年全年全省地区生产总值 8718.3 亿元，比上年增长 6.2%，仅占全国国内生产总值的 0.9%；对外贸易进出口总额为 379.9 亿元，仅占全国进出口贸易总额的 0.1%。经济和外贸发展严重制约了甘肃物流枢纽建设。甘肃省贸易结构单一，对外贸易产品主要为矿产品，新兴产业尚未形成规模，省内产业支撑不足。甘肃省产业结构目前主要以能源和原材料加工业为主，重工业占比较高是其显著特点。农业加工生产的能力较弱、附加值较低，市场竞争力不强。新兴产业体量较小，没有形成一定规模，缺乏集群效应。经济和外贸发展严重制约了甘肃物流枢纽建设，甘肃本地的经济规模和产业布局很难支撑规模性物流活动的开展。如兰州新区铁路口岸 2018 年上半年只实现国际班列发送 13 列，较 2017 年同期 33 列有很大下降。重庆、武汉、郑州、义乌等其他省市经济和外贸规模大，枢纽建设更具竞争力。

（三）枢纽运行与管理体制机制不健全

甘肃省枢纽运行与管理体制机制不健全，主要存在以下问题：（1）职权划分混乱。例如，兰州港务区在枢纽制高点建设中极其重要，已被纳入省级开发区序列，而兰州国家陆港管理委员会被定性

为市直属事业单位，导致部分职能无法实现。（2）职权划分不灵活。例如，对兰州国际港务区和新区的职能分配“一刀切”，阻碍其相互之间的业务往来与信息流通，使协同程度不高，难以形成综合性的国际物流枢纽。（3）缺乏整体协调和统一规划。兰州陆港和空港的各自定位，以及整体的协同联动方面缺乏统一规划和管理。陆港与空港枢纽之间，甚至陆港之间，无论在硬件联通还是软件联通方面还远远不足，均相对独立，无法形成整体联动。中欧班列补贴资金无统一管理部门，补贴政策政出多门，造成审批流程长、资金兑现慢、整体效率低。

（四）基础设施建设落后

交通运输方面，由于铁路运输以及与之配套的公路网络建设不足，导致一方面公路交通基础设施的规模、网络结构和运量结构不完善，另一方面甘肃省铁路运输占比较低，甘肃铁路枢纽优势未充分发挥。铁路货运量仅为公路货运量的10%，铁路的承载功能没有发挥，导致物流成本和能耗高，成为制约枢纽建设的瓶颈。如甘肃省铁路货运量占比仅为9.1%，低于同处西北的青海（占比16.8%）和宁夏（占比16.6%）的水平，与中东部省市差距更大。铁路场站能力不足、物流园区配套仓储、转运设施比较落后，全社会物流量大部分由公路运输实现，物流成本和能耗较高。如兰州新区作为甘肃物流枢纽建设的重要部分，比兰州市区普遍物流成本高5%以上，高出国家平均物流水平10%以上。陆港枢纽方面，一是口岸建设中，甘肃省指定口岸较少，目前只有进境水果、进口冰鲜水产品、进口木材指定口岸正常运营，整车进口指定口岸获批建设，粮食和肉类指定口岸还在申报，邮件互换和快件分拨业务仍是空白，口岸间还未显现协同效应。二是海关等机构的基础设施建设与专业设备投入尚无法跟上发展的要求，没有形成规范化、集约化、信息化的统一监管标准。三是保税物流中心（B型）与多式联运物流园项目由于设施不完善目前都未投入运营。

（五）枢纽功能不够完善

完善的枢纽应提供金融、保险、代理、法律、信息以及人力资源等服务功能。目前，国际港务区“单一窗口”建设进展慢，尚未实现全覆盖，海关、铁路等部门难以实现数据共享，不具备为外贸企业提供一站式通关、结汇、退税、仓储物流、金融担保等进出口环节各类服务的能力。此外，缺乏大型物流企业和平台企业，专业化的物流与供应链服务功能不健全。

（六）枢纽信息化建设滞后

信息化水平直接决定了枢纽运行效率和服务质量。在现代物流中，信息已成为提高营运效率、降低成本、增进客户服务质量的核心因素。公共物流信息服务平台建设是现代物流业的重要组成部分，决定着现代物流业服务功能的扩展，反映了一个地区、一个国家的综合实力。在信息平台上，信息流的处理和利用水平决定着整个物流过程的运作水平。信息平台的建设，一方面是发展现代物流的核心和关键，另一方面能够极大地推动着现代物流向前发展。

2012年1月8日，甘肃省最大、最专业、最权威的物流网——“甘肃省物流公共信息平台”正式上线试运营，标志着甘肃省物流行业迎来了一个划时代的腾飞和转折，但仍处于物流信息化发展的基础阶段，多数企业使用的功能很有限，缺乏利用信息系统对产品生产、运输周期的管理，对各个环节的时间数据缺乏集中管理掌握，无法在系统内进行有效的信息沟通和信息共享。

（七）高水平管理团队匮乏

随着枢纽运行从粗放型向精细化和智能化的转型升级，枢纽建设在国际贸易、国际物流、国际合作等领域的拓展，急需组建一支跨层级、跨部门、跨专业的运营团队，提升专项工作的质量和效益。目前专业物流人才尤其是复合型高端人才缺乏，导致跨境物流商贸活动很难开展。国内 43.7% 的园区认为缺乏运营管理人才成为限制园区发展的主要因素，特别是物流信息人才、物流管理人才、产业链和供应链贯通人才，国际物流人才更加紧缺，专业人才特别是复合型人才严重影响跨境商贸物流的有效开展。如新区综合保税区已遇到此问题，懂项目、懂物流、懂外语的复合型高端外向型人才缺乏，导致跨境物流商贸活动很难开展。

（八）系统规划不足，体制和机制不够灵活

体制和机制的创新与完善程度，关系着枢纽制高点打造过程中政策的供给和执行的协调程度。政府职能转变进程缓慢、物流枢纽空间布局不完善、分布不均衡，对外开放的体制和机制不够灵活，这是制约甘肃省枢纽制高点建设的重要因素。省内一些已经建成的物流枢纽经营与管理方式落后，无法实现多式联运等更高要求的功能。政府要下功夫加大转变职能的力度，形成足够灵活的对外开放的体制和机制，提高服务与管理的质量，有效避免过去有些地方只重视招商引资，后续管理与服务机制缺位的现象。

（九）枢纽建设资金有限

甘肃在枢纽建设中面临着严重的资金受限问题，国际货运班

列集货受限于财政支持，如 2017 年班列运行相关资金不到 6000 万元，而河南省投入 4.4 亿元支持多式联运，重庆市投入 6 亿元支持班列运行。新区综合保税区运营负担较重，如每年还贷利息 1.47 亿元，园区运营维护费 4200 万元。

第三章

甘肃省强化“一带一路”通道枢纽地位的战略规划

一、构建分析框架，提出理论模型

在新经济时代、“一带一路”和“互联网+”背景下，甘肃的枢纽制高点的建设和发展需政府主管部门的统筹规划和政策支持，需要省内企业自身的战略思考和创新创业。基于对外开放的内在机理与机制，对研究甘肃省如何强化“一带一路”通道枢纽地位提出分析框架，并作为战略规划的分析基础。提升国家或地区对外开放水平的措施，离不开特定的理论模型的支持，在此，引用哈佛大学管理学家 Michael Porter 提出的“钻石理论”从战略高度分析一个国家或地区的竞争优势（见图 3-1）。追随有关国家间贸易理论的文献历史，从 400 多年前的“重商主义”到大卫·李嘉图与亚当·斯密提出的“绝对优势论”与“比较优势论”，发展到 20 世纪的资源优势回归理论，20 世纪六七十年代雷蒙德·弗农提出的“产品生命周期理论”，到 20 世纪 80 年代的“新贸易理论”，再到 20 世纪 90 年代波特提出的国家竞争优势理论即“钻石理论”，可以说波特的最新成果力图弥补过去理论中无法解释的现象，实现了从比较优势向竞争优势的飞跃。这种全新的理论模型与方法已成为国际商贸战略发展中不可或缺的思维方式,同时也成为政府评估竞争优势与制定公共政策的一套理论依据。

由图 3－1 可以看出,“钻石理论”强调国家整体竞争优势的组成元素包括六个方面:生产要素,企业战略、结构和同业竞争,需求条件与相关及支持产业,这四项要素是国家整体系统优势的基础与核心。另外,还有机会与政府两个变量。总体而言,这六大方面形成系统的六极,每一极对系统的作用都是不可忽视的,他们共同作用于整体,各极的作用也取决于其他因素的影响。其中生产要素又称为资源要素,包括自然资源、知识资源、资本、人力、基础设施。生产要素又有层次划分,其中自然资源、地理、人口都属于初级要素,基础设施、复杂劳动力、科研设施属于高级要素。高级要素是生产的核心要素,其质量与数量决定了生产要素的强弱。需求条件强调内需的刺激在提高竞争力中的重要作用。相关及支持行业是指拥有一定国际竞争力的辅助行业,一般而言,地区内成功的行业趋向聚集,最终形成关联行业集群,从而提升国际竞争的地位。企业战略主要从软实力方面支配企业的核心竞争力。以上四个点首先形成一个菱形,波特认为菱形条件处于最佳状态时获得成功的可能性最大。此外,政府与机会作为两大变量能够对这四个方面构成不可忽视的影响,也直接或间接导致了结构的平衡与稳定。该理论对我们的启示是深刻的:政府在地区竞争优势中发挥的作用在于催化和创造适宜企业、产业发展的环境,而不是替代产业发展,或是无所作为,而这种条件的创设对于提高综合竞争力具有不可替代的影响。例如,培育生产要素里的高级要素,营造适宜竞争的市场化环境,对生产、流通、交换的环节进行合理监管,以满足并刺激地区内需。

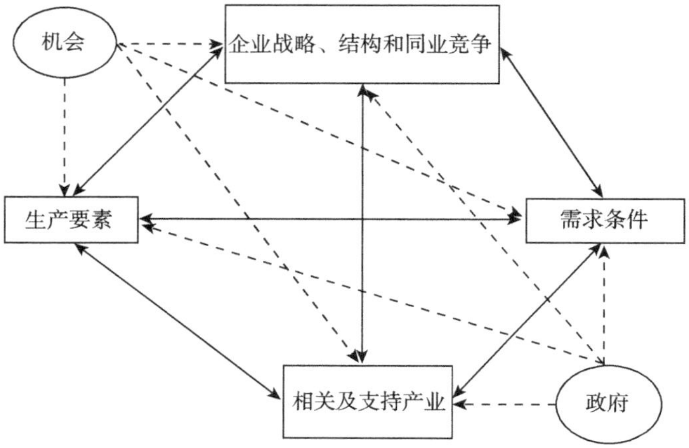

图 3－1　波特的“钻石理论”模型（又称菱形模型）

波特的“钻石理论”为我们分析如何提升甘肃省枢纽制高点打造提供了参考。下面将内陆型枢纽发展的影响因素系统分为三个部分，分别是基础因素、发展因素与保障因素。基础因素是影响甘肃省枢纽形成的基础性因素，主要包括枢纽的基础设施建设；发展因素影响枢纽建设与发展的可持续性，包括物流、市场、产业、科技、人才等；保障因素主要为通道枢纽建设提供外部保障，从而影响发展，包括政策、服务、文化等因素。具体模型如图 3－2 所示：

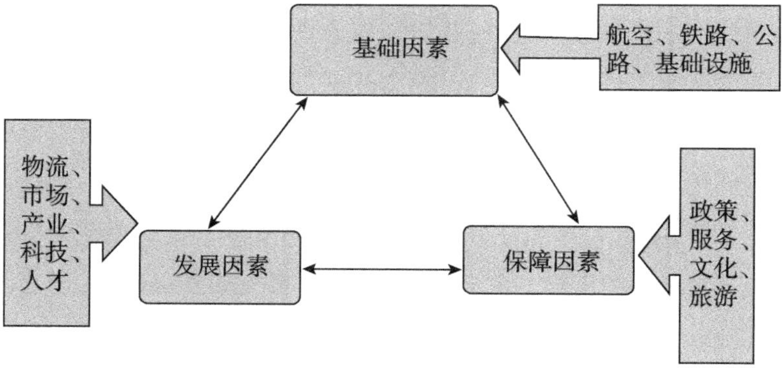

图 3－2　内陆型枢纽发展影响因素系统结构模型

40 年的改革开放，首先在我国沿海地区发展了海缘型枢纽节点，随着内陆与沿海交通的便捷与高效，延伸到我国内陆地区，并在沿海地区的带动下迅速发展成为优势与资源并重的枢纽地带。通过四通八达的交通枢纽融合网状放射性发展的贸易体系，内陆地区的商贸能力获得极大提升，经济发展水平也逐步提升，内陆型枢纽的崛起，逐渐为新的经济发展提供了便捷与条件，如图 3 – 3 所示：

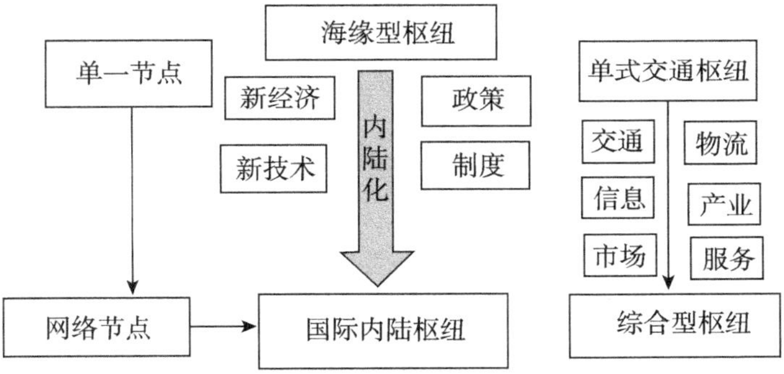

图 3 – 3　内陆枢纽的形成过程

由图 3 – 3 可以看出，在新的发展条件下，交通、物流、产业、市场等多种因素的影响，沿海地区的枢纽和内陆地区的枢纽地位逐渐发生了转化。内陆枢纽尤其在国家政策、新经济与新技术的条件下加速发展壮大。

总体而言，甘肃省在强化“一带一路”通道枢纽地位的策略方面要坚持“枢纽做强、通道更快、网络互联”的发展原则，以“交通 + 物流 + 产业”的发展思路，重塑甘肃省的综合交通区域优势，构建现代化综合交通体系，聚焦国家物流枢纽城市建设，完善国际陆港和国际空港的核心功能，加快推进兰州陆港型和商贸服务型国家物流枢纽承载城市建设。发挥兰州“一带一路”节点城市优势，抓住甘肃省建设全国综合枢纽的契机，加快打造国家货运班列编组站、甘肃国家铁路一级物流基地和中欧国际班列进出口商品回程班列集散中心，着力推动省内港务区多式联运物流园建设，加快各地州市商品集结，大力发展通道经济、物流经济、口岸经济、枢纽经济。以甘肃陆港型国家物流枢纽为发展核心，打造辐射区域广、集聚效应强、服务功能优、运行效率高的国家综合性物流枢纽，建设立足甘肃、辐射西北、链接欧亚的跨国商贸集散基地。

二、甘肃省强化“一带一路”通道枢纽地位的机遇与挑战

（一）把握国家战略与地方政策支持的机遇

“一带一路”倡议是甘肃省发展的重大历史机遇，中央把甘肃省定位为“向西开放的重要门户和次区域合作战略基地”，并把兰州定位为商贸服务暨陆港型国家级物流枢纽。之后，甘肃兰州国家级陆港型物流枢纽作为全国第一批 23 个物流枢纽之一，顺利入选 2019 年建设国家级物流枢纽名单。此外，国家出台一系列规划意见，不断加强物流基础设施建设，推动物流行业积极可持续发展，进而促进枢纽制高点建设。

“一带一路”倡议为甘肃加速发展开放型经济赋予了新的历史起点，带来了难得的发展契机。甘肃省位于祖国地理位置的中心，这一特定地理位置，使甘肃省不仅能够吸引周边发达地区的资金、技术，并能够很好地输出产品。在投资贸易中突出生态文明，必定要求甘肃省进行绿色创新，实现可持续发展。丝绸之路沿线的重点城市包括兰（州）、白（银）、酒（泉）嘉（峪关）、金（昌）武（威）、平（凉）庆（阳）、天水、定西、张掖、敦煌等城市，它们更能够享有“一带一路”倡议带来的经济技术福利，这为提升甘肃省绿色创新能力提供了契机。

“一带一路”倡议提出 9 年来，以甘肃省为代表的西部内陆省

份再次成为中国开放的前沿，甘肃省也逐步成为国家向西开放的重要门户和次区域合作战略基地，特别是通过建设国际空港、国际陆港、保税物流区，运营中欧、中亚、南亚国际货运班列等。甘肃的开放水平不断提高，正迎来新的重大发展机遇。把握机遇的关键在于深度融入“一带一路”倡议，借助政策与市场的合力打造核心产业链，既对接了国家战略，又大力发展了区域经济，提高了地区竞争实力与影响力。甘肃省目前正站在我国对外开放的新起点上。甘肃省深入贯彻中央决策部署，本着共商共建共享原则，加快推动“一带一路”建设，制定全面放宽的市场准入规则、对标国际规则、提升贸易投资的便利化水平、保护外资合法权益、建设国际一流营商环境；同时抓紧落实，提高对外开放水平，推动形成全面开放新格局。甘肃省充分发挥枢纽地位和通道优势，进一步融入和服务“一带一路”建设，促进西部地区的经济发展和对外开放。

（二）把握甘肃省内产业与“一带一路”沿线国家产业互补的机遇

甘肃重工业在经济结构中占比较高，主要为能源资源和原材料加工业，是以钢铁及有色金属冶炼、机械制造、石油化工等为支柱的产业结构，且具有重工业先进生产技术，工业制成品的种类较为齐全。丝路沿线的中西亚及东欧地区有丰富的能源资源，这为甘肃与之进行深入充分的经贸技术交流合作提供了良好的条件，从而实现优势互补。甘肃同时与中亚国家发展轻工产品出口和矿物资源进口。甘肃省共建“一带一路”的挑战在于其由于人口众多、资源利用率低、生态环境恶化等严峻现实，环境问题一直难以得到有效解决。传统的发展方式是以破坏生态平衡、大量消耗能源与资源、损害人体健康为特征的损耗式发展，但是要进行实质性的绿色高质量发展，在共建“一带一路”方面还面临着重重挑战。

（三）把握经济发展进入新常态的发展机遇

经过“十三五”时期的不懈努力，甘肃省综合经济实力显著增强。经济发展新常态下，深入推进并落实供给侧结构性改革、“互联网+”、“大众创业、万众创新”等政策，对提升生态环境质量、增大生态产品有效供给、增强环境承载能力、优化空间布局、加大生态建设投入提出了新要求，为推进甘肃省枢纽制高点建设提供了新契机。在制度保障方面，甘肃省强化顶层设计，积极推进经济体制改革和生态文明体制改革，不断健全完善法规体系和考核评价体系，为枢纽制高点建设提供了法律基础和制度保障。

（四）把握乡村振兴的机遇

“十三五”时期，甘肃省农业农村发展取得历史性成就、发生历史性变革。粮食产量突破1200万吨大关，创历史新高；农民人均收入突破万元大关；农业增加值增幅位居全国前列；新时代脱贫攻坚目标任务如期完成，现行标准下农村贫困人口全部脱贫、贫困县全部摘帽，贫困地区发生翻天覆地的变化，困扰甘肃多年的贫困问题得到历史性解决，撕掉了“苦甲天下”的历史标签；农村人居环境和生态环境持续改善，农村改革向纵深推进，农村社会保持和谐稳定，农村即将同步实现全面建成小康社会目标。农业农村的快速发展为稳定全省经济社会发展大局，发挥了压舱石作用，为全面推进乡村振兴、加快农业农村现代化奠定了坚实基础。

“十四五”时期，是乘势而上开启全面建设社会主义现代化国家新征程、向第二个百年奋斗目标进军的第一个五年，也是甘肃省实现高质量发展，奋力推进现代化，逐步缩小同发达地区差距的关键五年。民族要复兴，乡村必振兴。甘肃省加快推进社会主义现代化进程最艰巨最繁重的任务在农村，最广泛最深厚的基础在农村。解决城乡、区域、产业发展不平衡问题，重点难点在“三农”。补齐农业农村短板弱项，持续增加农民收入，推动城乡融合发展，构建新发展格局，基础、潜力、后劲在“三农”。应对国际国内各种风险挑战，迫切需要稳住农业基本盘，起好压舱石的作用。全省上下必须坚持把解决好“三农”问题作为重中之重，把全面推进乡村振兴作为建设幸福美好新甘肃、开创富民兴陇新局面，实现中华民族伟大复兴的一项重大任务，举全省之力加快农业农村现代化，让广大农民过上更加美好的新生活。

（五）把握科技创新发展机遇，增加产业创新集群

为深入贯彻落实《国家科技创新基地优化整合方案》和《“十三五”国家科技创新基地与条件保障能力建设专项规划》精神，全面落实《甘肃省科技计划管理改革实施方案》，着力解决现有科技创新基地间交叉重叠、定位不清的突出问题，为有效提升甘肃省科创基地建设水平，为实现高质量发展提供有力支撑，2018 年甘肃省制定《甘肃省科技创新基地优化整合实施方案》。以创新驱动发展战略为要求，深入贯彻创新、协调、绿色、开放、共享的新发展理念，统筹长远和全局利益，深化管理体制改革，强化战略布局，聚焦提升原始创新、自主创新能力，聚焦提高科技创新资源供给质量和效率，聚焦科技成果转移转化，健全开放共享和协同创新机制，统筹规划和系统布局科技创新基地和科技基础条件保障能力建设，构建科技创新成果转化和创新环境保障能力体系，着力培养各类创新人才，大力提升科技创新能力，为建设创新型社会，为甘肃省实现经济社会高质量发展提供有力支撑和保障。

（六）把握全球价值链时代的机遇，提高全方位开放的水平

世界经济发展已经日益从垂直自然分工向全球价值链分工演进，尤其在世界金融危机发生后，全球新兴产业革命与经济结构进行了深度整合与调整，给中国的发展带来了前所未有的机遇，甘肃省在这一轮全球价值链的重塑时期能否抓住机会，搭乘“一带一路”建设红利积极扩大对外开放，将决定甘肃省能否顺利实现作为经济欠发达省份的崛起与发展。在全球价值链重塑时期，甘肃省需利用后发优势，增强与丝路沿线国家与地区间的产业关联性与互动性，重组资源与要素，打造开放发展新的引擎；引导制造业龙头企业重构业务管理流程，重塑核心竞争力，培育自己的跨国公司和知名品牌；通过跨国贸易投资的竞争和示范带动效应，帮助制造业企业加快从技术到管理和商业模式的全方位创新，提升自主创新能力；通过双向贸易、投资与外包，聚集全球优势要素，改变中国制造在国际产业价值链的低端位置。由此，笔者认为，在全球价值链时代，甘肃省对外开放面临着巨大的机遇。为了促进对外开放的发展，甘肃省应抓住机遇，积极主动参与全球价值链。同时，这也对甘肃省企业国际化发展和获取先进技术提供了契机。

立足甘肃省实际，对应“一带一路”中的“五通”带来的机遇，甘肃省可以抢抓国家“一带一路”建设中基础设施联通带给甘肃省基础设施建设提速的红利；通过“品牌突破”抢抓基础设施联通机遇，分享“欧洲班列”的红利；通过国家层面的政策沟通，谋求与哈萨克斯坦在国际产能工业园区建设项目上进行合作，分享国家政策带来的红利；以甘肃省特色优势产品抢抓贸易畅通的机遇，分享向西开放和陆海贸易新通道带来的贸易增长的红利；以绿色金融创新抢抓“一带一路”资金融通机遇，通过绿色银行的获批，争取更多的

国家生态建设的资金投入，通过生态资本化分享“绿色丝路”建设红利；整合甘肃省丰富的文化旅游资源，提升文化旅游业的品质，抢抓“民心相通”带来的机遇，分享文化旅游业爆发式增长带来的红利。机遇是客观存在的，机遇红利也是可以分享的。总之，立足实际，补齐短板，突破瓶颈，做大优势，做强品牌，谋划高地，都使甘肃省在“一带一路”建设中处于无法边缘化的地位上，甘肃省也就具有了抢抓机遇分享红利的资本和优势。

（七）把握甘肃省在“一带一路”中独特的资源优势

随着“一带一路”的实施，甘肃省依托自古以来在“丝绸之路”上独特的战略枢纽位置，获得了难得的历史性发展机遇。在甘肃省省委、省政府制订的“黄金段”计划中多次提到，区位变化、优势资源和政策叠加是甘肃打造丝绸之路经济带黄金段的三大推力。其中，区位变化（甘肃从偏远内陆变为开放前沿）和政策叠加（兰州新区、华夏文明传承创新区、生态安全屏障综合创新区、循环经济示范省等国家对甘肃的多项特殊政策支持）是由“一带一路”倡议整体联动实施所赋予的环境变化、政策变化和发展导向，属于外部因素，而资源优势则是由甘肃省先天条件决定的内在因素。“酒好客自来”，甘肃省在“一带一路”中的作为固然取决于外部环境的变化与对外部因素的充分利用，但更具决定性与可持续性的因素则是对其自身资源优势的充分认识、正确利用和创新发展。在开放型发展的过程中，既要积极展示资源优势的自信，也要坚持发挥资源优势的自觉，让资源优势成为甘肃丝绸之路经济带黄金段建设的首要引擎，并为之注入持续性政策动力，带动实现全省经济产业发展模式的结构性升级和跨越式发展。

历史性机遇为甘肃带来了发展的自信，而将这种自信转化为自觉则需要依赖于甘肃对自身资源优势的充分认识、正确利用和创新发展。笔者认为,文化资源、民族资源和产业资源是甘肃最重要的三大优势资源。

1. 文化资源是甘肃省最具潜力的优势资源

甘肃文化资源具有悠久性、汇融性、多样性、民族性等特点。在世界历史中,"河西走廊"是甘肃的代名词。这是一个文化概念,季羡林先生将敦煌定位为世界上唯一的四大文化体系(中国、印度、希腊、伊斯兰)汇流的地方。甘肃华夏文明传承创新区获批以来,在"1313"工程推动下,一批文化产业项目结合甘肃省敦煌莫高窟、伏羲文化发祥地、大地湾史前文明、先秦故里、汉明长城等文化资源相继实施。如嘉峪关市引进的"方特欢乐世界"项目很好地结合了明长城文化资源。2015 年 4 月正式运营,开园不到 10 个月就累计实现收入 1.7 亿元,带动当地旅游人数增长 34.2%。"敦煌"是世界的瑰宝,对这一资源的开发,要坚持以学术研究为先导,以国际化为目标。2015 年 8 月举办的敦煌与中外关系国际学术讨论会让敦煌学重放异彩。数字敦煌、《敦煌盛典》大型沙漠实景演出等很好地实现了文化资源的高新技术化,加上"丝绸之路国际旅游节"与"丝绸之路(敦煌)国际文化博览会",甘肃省文化产业切实成为"一带一路"建设的排头兵。据统计,2015 年,甘肃省文化产业实现增加值 157.09 亿元,较上年增长 18.19%。

2. 民族资源是甘肃省最具特色的优势资源

从文化价值来看,甘肃多民族共同团结奋斗、共同繁荣发展的历史现实是"一带一路"所倡导的不同文明间和平合作、开放包容精神的最好诠释。在经济价值上,甘肃少数民族特色产业,如清真产业、藏医药产业、非物质文化遗产产业等均具有较大市场价值。以清真产业为例,甘肃省在清真产业中具有先天优势,其从事牛肉、乳制品、副食保健品、生物制品、食品添加剂、餐饮服务、穆斯林用品等七大清真系列产品的企业有10384家，30多万从业人员，年产值220多亿元。2015年9月，甘肃临夏召开国际清真食品民族用品博览会与清真产业发展论坛，为甘肃清真产业向外开放作出有益尝试。2016年2月，马来西亚伊斯兰教发展署授权临夏清真食品认证中心作为在中国的清真产品国际认证机构，这对甘肃清真产业打进国际市场具有里程碑意义。“一带一路”实施后，甘肃省抓紧出台了《甘肃省清真食品和穆斯林用品产业发展指导意见(2015—2020)》，加大对民族产业的财政扶持和招商引资力度。

3. 产业资源是甘肃省传统的优势资源

现在的甘肃不仅是老工业基地，而且是中国重要的新能源基地、有色冶金新材料基地和特色农产品加工基地。甘肃在石油化工、有色冶金、机械电子、装备制造、现代农业等领域优势明显，相对契合丝绸之路经济带沿线诸多资源出口型国家和地区的需求。在“一带一路”推动下，甘肃多家国企、民企积极制定“走出去”战略，如金川集团、兰石集团、酒钢集团、科天集团、海默科技公司、天水星火机床公司等均在海外市场取得不俗战绩。中国兰州投资贸易洽谈会、中国(甘肃)国际新能源博览会、世界陇商大会等已成为甘肃对外开放的重要载体。兰州新区综合保税区、武威保税物流中心的建成与兰州、敦煌机场国际航空口岸、天马号等多条中欧中亚货运班列的开通分别作为“平台”建设与“通道”建设，为甘肃省产业资源国际化插上了双翼。截至2017年，甘肃已与“一带一路”沿线16个国家开展了实质性产能合作。

4. 对甘肃省发挥资源优势的建议

虽然近年来甘肃在发展文化资源、民族资源和产业资源方面有一定的突破，但仍有较大的发展空间。

第一，甘肃在文化资源创新中需紧紧围绕华夏文明源头、丝绸之路和多元民族民俗三大文化资源做足文章，加强对丝绸之路古代文化的发掘、保护、开发力度，做好对多元文化这一特色的整合、创新和宣传，积极打造优质旅游品牌和精品旅游线路，借助高铁、航空等实现客源、资源双联动一体化发展模式。

第二，在民族资源开发中，需积极开拓思路，可借鉴云南民族村模式，打造一个反映和展示多民族文化风俗并集娱乐、休闲、体验于一体的现代化民族旅游项目；积极推动《甘肃省清真食品和穆斯林用品产业发展指导意见（2015—2020）》的落实，进一步加大对民族产业的财政扶持和招商引资力度；同时要注意加强行业监管和品牌建设，鼓励企业对其产品进行地理标志认证，引导企业发展电子商务，实现线上线下一体化创新应用。

第三，在产业资源的利用中，一是加强对中亚西亚等沿线国家发展战略、已有多边经济框架的研究，如哈萨克斯坦“光明大道”计划、蒙古国“草原之路”倡议、欧亚经济联盟等，找到产能释放的对接点；二是把增强创新能力作为开放与转型发展的基点，实现产学研用、产业链各环节协同创新；三是积极推动“海关便利化”。2016年6月，陕西检验检疫局与西安海关签署《共同提高通关便利化水平促进外贸稳定增长合作备忘录》，甘肃可借鉴这一经验，实现口岸部门间“信息互换、监管互认、执法互助”，提高通关便利化水平，促进甘肃外贸快进快出。

总之，将甘肃建设成为我国西北地区开放型发展的战略枢纽，既是甘肃经济发展的客观要求，又是国家宏观经济整体战略的重要组成。甘肃需充分利用区位、政策与资源三大优势，在进出口贸易、利用外资、对外直接投资等方面实现突破，推动甘肃经济转型发展，在“一带一路”中履行好自己的历史使命。

（八）把握甘肃省在中国的地理交通优势

1. 地理优势

甘肃省东西蜿蜒1600多千米，全省面积45.37万平方千米，占中国总面积的4.72%。然而，仅占全国总面积不足5%的甘肃省，却得天独厚地处于青藏高原、黄土高原、内蒙古高原三大高原和关中平原交汇处，因而使甘肃成为中国的地理心脏和连接国内不同生态文化区域的枢纽地带。如甘肃省省会兰州，距北京、昆明、南宁、乌鲁木齐等地的航空飞行时间均为两个小时，距大连、广州、上海等地则是两个半小时，这是甘肃作为地理中心最明显的地理证明。由于这一区域处于三个高原、一个平原的连接地带，因此历朝历代划分行政区域管理范围时，自然就将这一连接地带划分为一个行政管理区域。它主要起着连接国内四大生态文化区域的作用。这四大生态文化区域分别是：灌溉农业区域，包括珠江、长江、淮河、黄河、辽河、松花江、黑龙江等平原区域；高纬度低海拔游牧区域，包括内蒙古高原及阿尔泰山以西、天山以北地区；低纬度高海拔畜牧区域，主要指青藏高原；绿洲农牧兼营区域，包括宁夏、甘肃、新疆戈壁沙漠地区。四大生态文化区域的过渡地带比较广阔，包括长城内外农牧过渡地带、丝绸之路沿线从灌溉农业向绿洲农牧业过渡地带、藏彝走廊沿线从东部平原的灌溉农业向高山牧业及其从北部草原向南部山地的过渡地带。其中，长城以山脉为路、丝绸之路以沟壑为路、藏彝走廊以河流为路，三者在甘肃汇合，将中国四大生态文化区域连接起来，因此甘肃自古以来就是中国的地理中心和国内四大生态文化区域的连接地带。它作为地理中心和连接通道的地位，决定了中国内陆的发展无法避开甘肃这块连接区域，并且中国与亚欧腹地各国的交流也不得不通过甘肃得以实现。

2. 交通功能

“连接”正是甘肃地理位置的特点。这种特点就决定了甘肃在国内、国际交流中发挥着无可替代的连接作用，这种连接作用主要通过交通得以实现。自古以来，虽然交通工具发生了翻天覆地的变化，但交通线路的开拓与维护总与甘肃密切相关，具体来说有两点：第一，甘肃将沿长城、丝绸之路和藏彝走廊的交通线路在其境内连接起来。从长城方面来说，战国、秦、汉长城靠南，明代长城则沿内蒙古和宁夏黄河向西南进入甘肃，例如，清代《重修皋兰县志・卷十八》载：“长城在黄河南岸，秦蒙恬筑。明万历元年（1573年）补修。厚二丈，高倍之，土色坚韧。西自新城起，沿河而东，至靖远县大浪沟界止，约计二百余里。”大浪沟系皋兰县与靖远县的界沟，《重修皋兰县志》仅记载了明万历元年补修的皋兰县至靖远县界黄河南岸的二百余里秦长城，而不是秦长城到靖远县界大浪沟界为止。虽然道路不断用新材料修筑，但仍沿袭传统线路（如长城沿线的各种等级公路和铁路进行）修建，从甘陕交界处的靖边和定边进入宁夏盐池、中卫等地，然后向西南沿黄河进入甘肃的甘南藏族自治州与临夏回族自治州进入兰州，最终与长城和丝绸之路汇合。正如学者所说：“藏彝走廊的北方出口，就是北方丝绸之路；而它的南方出口，就是南方丝绸之路。实际上，出口同时也就是进口，古代南北东西的文化以至族群的交流互动，就是通过北方丝路和南方丝路进行的……藏彝走廊在沟通南北丝绸之路，进行中外文化互动和交流方面，发挥了重要的历史作用，是一条极其重要的东西方国际走廊。”由此可见，甘肃将连接中国内部四大生态文化区域的藏彝走廊、丝绸之路和长城沿线的交通线路连接起来。第二，甘肃将这三条交通线路汇合起来并通过河西走廊延伸到新疆。

甘肃的省会兰州，古代之所以被称为“金城”，关键在于它依黄河而居，发挥着连接丝绸之路、长城和藏彝走廊三条大通道的作用。从兰州向东南，分别从天水、定西、临夏和甘南经过的三条道路为藏彝走廊北段的交通线路。从兰州向东北，分别从定西、平凉、庆阳到陕西，或沿黄河从景泰到宁夏、山西、内蒙古等地，这是古长城沿线的延续。从兰州向西北，所有线路并成丝绸之路到达新疆。之所以并为一道，主要原因在于北部内蒙古高原的寒冷气候和南部青藏高原的高海拔均不利于交通，但二者中间天然形成的河西走廊却是一条适合人流与物流通过的通道，通过这一无可替代的地理通道，甘肃得以将内地与西北边疆连接起来。由此可见，甘肃最重要的地理和交通功能便是“连接”。

（九）把握甘肃省在中国四大生态文化区域交汇地带发挥的人文沟通优势

1. 通过地理上的连接作用，促进内陆其他地区与边疆的不同民族与民众交流合作，增强国家凝聚力

甘肃作为中国四大生态文化区域的交汇区域，依据地理交通上的连接优势，发挥了连接内陆其他地区与边疆民众的作用，从而在政治上保障了多民族国家的统一、安全、稳定和发展。在甘肃最东部的庆阳地区，秦国修筑的长城从东北向西南经过此地，使长城沿线的庆阳地区不仅成为守边之地，而且成为不同民族融合之地。如北宋时期，因“庆阳域接羌胡，黠酋窥伺不常，苟城池弗严，曷以御之”。范仲淹“在庆阳境内修筑44个烽火墩，联络环县以西、镇戎以东的明珠、灭藏、康奴三族两万多人及环州内侧千余帐，从而形成城、堡、寨、墩相呼应的战略防御体系”。驻守这里的士兵，“除了驻扎禁军、厢兵、蕃兵外，在环庆路、泾原路还有乡兵、弓箭手”。

其中,“蕃兵者,具籍塞下内属诸部落,团结以为藩篱之兵也”;“弓箭手多蕃兵矣”。因为北宋庆州“含有安化、合水、彭原三县。是一个多民族集居之地,以吐蕃和党项为主”。通过不同朝代、不同族群的交流与合作,南北民族之间实现了互通有无和相互认同的目标,中国北部边疆趋于和平与安宁。甘肃南部的甘南藏族自治州和临夏回族自治州与四川阿坝藏族羌族自治州,则是连接藏彝走廊和丝绸之路的枢纽。由于藏彝走廊北面有“两条线路,向西的一条是著名的丝绸之路,现称为北方丝绸之路,向东的一条即是草原丝绸之路”,因此,这三个州在连接藏彝走廊和丝绸之路的族群方面,功不可没。如历史学家王明珂先生通过对川西羌族的田野研究,认为羌人架起了汉藏联系的桥梁,羌族不仅处于藏彝走廊与丝绸之路的交汇地带,而且处于不同族群的融合过程当中。在甘肃南部,藏、回、汉在共同生活过程中维系着藏彝走廊和丝绸之路的连接。早在汉代,丝绸之路的河西走廊段生活着匈奴、月氏、羌人,还有大胡、丁令、鲜卑等族。如今这里则有汉族、藏族、裕固族、蒙古族、哈萨克族生活,共同维系丝绸之路的畅通。可见,正是由于甘肃境内沿不同生态文化区域交界地带分布的各个族群之间的友好往来,使边疆与内陆其他地区的民众之间加深理解,内陆其他地区与边疆逐渐在国家范围内凝聚与团结。

2. 依托优越的地理位置,发挥国内国外的物流中转功能

在与国外的物流方面,仅以丝绸之路来说,“中原地区的丰富物产和先进的生产技术源源不断地传播到西域、中亚、印度、波斯、阿拉伯和地中海欧洲区域。在粟特人、突厥人、回鹘人、阿拉伯人、波斯人的努力下,大量工艺精美、品种繁多的丝绸和瓷器、茶叶、纸张等输入西方。此外,还有冶铁技术、水力技术、金银器皿和工艺品、钱币、雕版印刷、炼丹术等也通过丝绸之路传入西方。在中国

物质文化传入西方的同时，通过丝绸之路贸易，西方物质文化也传入中国，丰富了中国的物质文明和物质生活。草原民族的羊马牲畜、畜产皮毛、毛织品，西亚的珊瑚、翡翠、珠宝、琉璃器、各种香药，苜蓿、胡姜、葡萄、石榴、胡椒、波棱等作物，中亚的酿酒术，印度的制糖法、建筑技术等，对中国的经济社会发展作出了不可低估的贡献，从而甘肃作为丝绸之路贯穿全境的省份，担当了国内外物流的中转角色；在国内不同生态文化区域的物流方面，甘肃同样发挥了中转的作用，比如北宋时期的茶马贸易市场主要还在西北地区。当时宋朝与契丹对抗，需要大量军马，这些军马主要从西北地区的秦州（天水）、凤州（凤县）和熙河（河州）等地的市场获得，因为，这一带的马体格高大，最适合作战马用”。与此同时，云南、四川的茶叶和其他商品，则通过甘肃境内的藏彝走廊北端沿长城隘口进入蒙古国和俄罗斯，或沿丝绸之路向西进入中亚或向东进入内地。可以说，甘肃作为多种生态文化区域的交界地带，从古至今一直发挥着物流的中转作用，以此补充甘肃本土的经济社会发展。

3. 依靠地理位置的连接特色，促进国内四大生态文化区域的文化交流与吸收

作为中国省级行政区划单位，“甘肃”这一名称本就与丝绸之路相关，其中“甘”字取自甘州（今张掖），“肃”字取自肃州（今酒泉）。早在“公元前 121 年，游牧在河西地区的匈奴昆邪王和休屠王投降汉朝。其部众四万余人被安置在陇西、北地、上郡、朔方、云中，称为五属国”，即将匈奴迁到长城沿线居住。随后西汉政府于公元前 104 年设置酒泉郡与张掖郡，公元前 101 年设武威郡，公元前 88 年设敦煌郡。从此，甘肃境内东北部的长城沿线、贯穿东西全境的丝绸之路以及南部的藏彝走廊北端沿线，不仅成为人流、物流枢纽，更是文化互相吸收与影响的通道。关于这一点，我们从最

近成功申报的丝绸之路沿线甘肃非遗景点中可以深刻认识到。如安西的锁阳城是我国目前军事设施体系保存最为完好的古城池遗址；天水的麦积山石窟以精美的雕塑独树一帜，以石窟多、塑像完美、延续时代长久而被称为“东方雕塑馆”；雄踞甘肃省敦煌市的玉门关，相传著名的“和田玉”经此输入中原，因而得名，它是古代“丝绸之路”北路必经的关隘，也是中原和西域诸国来往及邮驿之路；临夏永靖县的炳灵寺最早称为唐述窟，是羌语“鬼窟”之意，唐代称龙兴寺，宋代称灵岩寺，明朝永乐年后称炳灵寺，“炳灵”为藏语“仙巴炳灵”的简化，是“千佛”“十万弥勒佛洲”之意。这些非遗景点，不仅体现了中国内陆不同生态区域过渡地带的文化特点，而且反映了多种文化在甘肃境内的交融与互动。它从精神层面进一步加强了内陆其他地区与边疆民众之间、国内与国外之间的理解、尊重及认同，从而为不同民众的文化交流与合作贡献了文化上的连接力量。

三、甘肃省强化“一带一路”通道枢纽地位的挑战

甘肃省作为西部内陆城市，与我国东中部地区相比，受经济发展水平、生态环境、交通物流等因素影响，在“一带一路”枢纽制高点打造过程中面临诸多挑战，总体而言，有以下几个方面。

（一）经济发展水平低，落后于全国平均水平

甘肃省人均 GDP 一直低于全国平均水平，且差距日益呈现出扩大的趋势。另外，省内地区之间的差异较大，地区发展不平衡。自然区位因素是其主要原因。甘肃位于黄土高原，深居西北内陆，地形狭长，这种地形不易形成汇聚人力、物流和资本的中心地带。产业结构不合理，资源开发不足是其直接原因。省内资源种类虽

多，却存在分布不集中、人均占有量少、利用率低、污染浪费严重等问题，大部分支柱产业高消耗、高投入，但却低收益、低质量、低产出。人力资本因素是限制经济发展的重要因素。人才吸引力弱且流失率高，省内高等院校较少，能够吸纳高端人才进入的企业屈指可数，受教育程度也呈现出地区间的差异性。由于甘肃省地处西部，经济、技术、科技条件相对落后，因此很难吸引优秀人才，进而造成在创新过程中的技术吸收能力、学习能力、操作能力、复制与组合等能力明显不足，科技人才短缺已成为制约甘肃省发展的瓶颈。加大政策力度，建立完善的人才引进机制，是甘肃省需要解决的重要问题。在对外交流与合作方面，甘肃省通过与其他省份的合作，大力发展和不断加强对外经济技术交流，为甘肃省的环境管理和环境质量的改善带来机遇。但甘肃省的环境标准仍然较低，与发达省份间的环境与发展合作的深度还不够，还未能实现高新技术的转移。此外，企业在创新过程中还面临成果技术开发投入不足，成果转化能力较弱，企业技术人才储备不足，节能环保装备产品设计、关键技术研发、工程咨询服务、企业管理等方面的专业技术人才较为紧缺等问题，使得企业的发展之路十分艰难。因此，政府如何缓解企业人才、资金、技术紧缺等问题来帮助企业提高创新的主动性与积极性，进而提高企业的创新能力，就显得十分紧迫。

（二）生态环境脆弱，可持续发展能力较弱

虽然甘肃省生态保护建设取得初步成效，但受地理环境等因素影响，依然是我国生态系统最脆弱最复杂的地区之一，并且资源型的企业较多，生态环境承受的压力巨大，同时又与贫困问题相互交织，在发展经济过程中面临着维护生态屏障与实现经济高质量

发展的双重压力。与其他省份相比，甘肃省的荒漠化程度相对较高，沙尘暴频发，水土流失面积巨大，年降雨量稀少，绿地覆盖率极低，生态环境的保护与涵养压力巨大，如何改变过去粗放式的经济增长方式，实现绿色崛起，就成为摆在我们面前的难题。

（三）城市功能欠缺，基础设施建设不完善

陆上丝绸之路全长近7000公里，其中在甘肃省境内就有1600多公里，上千公里的河西走廊自古以来就是承东启西、连接欧亚的重要战略通道。在新时期“一带一路”建设过程中，甘肃省提出打造丝绸之路经济带黄金段，而在互联互通的“五通”要求中，基础设施联通是甘肃省最薄弱的环节和瓶颈。甘肃作为一个西部欠发达地区，基础设施建设欠账多，交通道路制约因素明显。一方面，甘肃省是陆上丝绸之路的必经之地，境内的交通不畅将直接影响国家方略实施；另一方面，基础设施不健全也将制约甘肃省利用其通道优势参与和分享丝绸之路经济带建设所带来的红利。同时，城乡规划体系不够完善、统筹城乡发展的能力不足、对历史文化的保护挖掘和塑造不足、重开发而轻保护等问题依然存在，限制了“一带一路”沿线城市的对外开放和发展。

四、甘肃省强化“一带一路”通道枢纽地位的思路与规划

地球是圆的，“一带一路” 就是绕地球的一个同心圆，要使这个圆动起来需要形成转动的物质流、能源流和信息流，现在这些“流”正在形成中，形成的过程对甘肃而言就是一个机遇，我们需要解决的问题是凭什么入“流”和怎样入“流”的问题。“一带一路”是一个双向乃至多向互动的过程，这就是我们常说的“走出去”与“请进来”。“走出去”需要有实力有优势，能满足别人的需要，“请

进来”的前提是对我们有利，这就是经济学上讲的经济互补性和共赢，只有这个问题解决了互动才能成立，说到底，“走出去”要解决自己的实力不足和优势不显的问题，那么甘肃的实力和优势到底在哪里？只有先认识自己的实力和优势，才能谈得上抢抓机遇的问题。

面对外部环境变化和国家政策导向，甘肃需要转变观念、创新思路，即进一步客观审视我们的优势与劣势（包括绝对优势、相对优势、绝对劣势、相对劣势），将以依赖国家支持为主、安于现状的观念和“等、靠、要”的思路，转换为积极创造条件，培育发展能力，争取国家支持，积极主动出击，拓展联系空间，形成广泛合作的思路。

反思过去甘肃“一带一路”建设的经验教训，甘肃有必要在建设目标上作出调整：把“一带一路黄金通道”的打造目标改为“通道枢纽”目标。把“黄金通道”的称谓改为“通道枢纽”更符合甘肃在“一带一路”中的区位特点。两头在外，双向开放，甘肃需要出海口，需要建设联通南下通道的体制机制。“一带一路”建设中甘肃的最大优势在区位上，区位优势如何体现，如何将优势转化为发展的引擎和动能，这个问题需要破题，也就是说，区位优势的体现需要抓手。2019 年 8 月，甘肃省政府出台了《新时代甘肃融入“一带一路”抢占“五个制高点”规划》，其中将枢纽列为全省打造五大制高点之一。2019 年 12 月，甘肃省政府办公厅印发了《新时代甘肃融入“一带一路”建设打造枢纽制高点实施方案》，将枢纽制高点打造内容进一步具体化，提到 2020—2025 年甘肃枢纽制高点建设规划、愿景与实施步骤、承担单位等内容。甘肃“一带一路”通道枢纽地位必须围绕全省发展大局，突出“铁公机、江海息”联动发展，统筹布局推进通道枢纽基础设施建设，打造甘肃开放合作的枢纽通道新高地，支撑构建新发展格局、促进区域经济发展的运输服务新高地，着力提升为开放发展服务的保障质量。

首先，应重新对甘肃省在“一带一路”中的地位和作用进行定位。可以说，在中国历史上，甘肃省这种三大经济带交汇的优越地理位置是独一份的，并因此成为中国内陆地区对内对外开放枢纽。只有甘肃省具备汇集多条重要交通线和经济带的优势，从外层空间看，甘肃有一条通道连东西，具有“西进南出”优势；从地球平面看，甘肃有一条扁担挑欧亚的“扁担赶海”优势；从中国版图看，甘肃地处版图几何中心，具有“座中六联”区位枢纽优势；从西北周边省份看，甘肃地处西北经济核心区，具有辐射带动优势；从立足自身看，甘肃除海洋生态与资源外，拥有发展现代经济后发优势。甘肃省在中国宏观地理中的区位优势仍然存在，因而需要重新审视“一带一路”倡议中甘肃的机遇和优势，其虽然不在中国对内对外开放的前沿，但是却可以成为内陆地区对内对外开放的枢纽，成为三大经济带的交汇点。甘肃省应充分认识到自身的区位优势，主动抓住这个机遇期，充分利用好自身的有利条件，为甘肃省的发展提供新的动力和平台，促进城乡可持续发展，促进资本、技术、人力资源等跨区域交流，增强甘肃省在西部地区和全国范围内的要素和资源配置能力。这些都要求甘肃省改变观念、抢抓机遇、主动作为，积极融入国家方略，全面推动经济社会发展迈上新台阶。

其次，要积极做好融入“一带一路”倡议的顶层设计和发展规划。“一带一路”是全方位的多边系统，因此，甘肃省在充分认识到自身的区位优势之后，要积极地进行顶层设计，制定相关的发展规划。要抢抓国家新一轮改革开放历史机遇，认真落实抢占“一带一路”建设五个制高点的要求，继续深化改革、扩大开放，最大限度激发市场活力、拓展发展空间，构建全面开放新格局。要协调推进核心枢纽地带建设，务实开展对接合作，实施一批区域基础互通、经济互联、产业互融项目，促进国际贸易投资自由化便利化。从新发展理念的开放发展的应有之义出发，将甘肃省打造成为“一带一路”建设中中国内陆对内对外开放的核心枢纽，让甘肃在对内对外开放中增强互利互惠，实现多地域的共同利益、共同需求逐渐发展，形成不同地域、民族之间共同的共享关系，从浅层次的交往到互动发展再到组织联系，最终发展到形成社会系统。因此，必须要认清研究对内对外开放战略机制构建的必要性，严格分析战略机制构建的多重挑战，加强对甘肃省双向开放的深度研究，探索如何形成各层面对内对外开放合作共赢机制，为本地区的开放发展提供理论与智力支撑，以期达到协调各方关系、扩大共商合作、实现互利共赢的目的。

最后，应主动抢抓机遇，积极推动区域协同发展，加快甘肃地区新型城镇化建设。“五通”使甘肃的优势转变为劣势，对甘肃的发展更是挑战。人们一般认为“一带一路”的“五通”对甘肃而言是难得的历史机遇，广义上也确实是机遇，然而，冷静思考之后，也许就并不是那回事了。“五通”都是国家层面上的作为，地方难有作为，如政策沟通、贸易畅通、资金融通都是中央政府才能做的事，地方政府主要是参与和配合，甘肃需要解决的是如何利用国家搭建的平台为发展提供机会，因此机遇在于如何利用好国家平台。又如，基础设施联通、海陆空全方位对接，从出发地直接到达目的地，大大降低了物流成本，高铁在甘肃全境一闪而过，这对于甘肃这个 2000 年靠通道经济而生存和发展的省份而言恐怕就不能简单地认为是机遇。

通过对甘肃省对内对外开放的系统性研究，构建跨区域的合作机制，将西北、西南两大经济区的发展结合在一起，形成多边形的经济合作体系。在此基础上与周边兄弟省份共同构建中国西部的多层次经济合作开放区。同时,甘肃省应该充分认识到自身的优势与不足,找准自己在“一带一路”倡议中的位置,在中央一系列会议决议的指导下,切实地制定相关的规划,以构建中国内陆地区对内对外开放的核心枢纽为发展目标,努力向党中央、国务院和相关部委争取政策支持,以更好地融入“一带一路”,并借助这个新的战略平台,为甘肃省的发展创造新的动力。

“一带一路”建设是一个实践过程,对甘肃而言,补齐短板、夯实基础是甘肃抢抓机遇的基础性工作。要抢抓“一带一路”机遇,实现“枢纽制高点发展”战略,需要以强化通道枢纽地位建设为重要突破口和着力点,打造“通道枢纽经济”,畅通全方位开放大通道,在“一带一路”建设中实现甘肃在国家战略目标实现中的绿色崛起,开启现代化建设新征程。具体而言,主要有以下几点规划。

(一)总体要求

以习近平新时代中国特色社会主义思想为指导,全面贯彻党的十九大和党的十九届二中、三中、四中、五中、六中全会精神,深入落实习近平总书记视察甘肃重要讲话和指示精神,抢抓“一带一路”建设最大机遇,以深度融入陆海新通道为重点,集聚发展要素,突出资源优势,放大区位优势,培育产业优势,创新体制机制,巩固东连、向西为主、深耕南向、促进北拓,着力打造以兰州为中心,辐射西北、沟通西南、连接中西亚、连通东南亚的“一带一路”西北陆海联动枢纽,构建通道物流产业高质量发展的枢纽经济体系。

(二)主要目标

到2025年,枢纽经济新动能显著增强。全省交通物流体系、跨境贸易体系、对外开放平台体系更加完善，基本建成向西开放为主、融入“一带一路”的大通道、大平台，通道物流产业增加值占全省 GDP 比重提高到5%。

到2035年，形成与国家现代化进程同步、全面开放的新格局。国际化、立体化、现代化的综合枢纽体系日趋完善，枢纽经济成为更高层次开放、更高质量发展的重要支撑，通道物流产业增加值占全省 GDP 比重达到8%。

（三）重点任务

1. 构建全面对外开放新格局

巩固东连，加强与陇海线省市及港口合作，对接粤港澳大湾区，形成联结日本、韩国等国家及中国香港特别行政区、我国台湾地区等市场的重要门户。向西为主，深化与中亚、西亚、欧洲的交流合作，在白俄罗斯、尼泊尔、格鲁吉亚共建物流园，建设国家级中欧（中亚）班列集结中心，形成连接中亚、西亚、中东欧市场的重要门户。深耕南向，加强与渝、桂、川、黔等西南省区市合作，深耕新加坡、泰国、越南等东南亚市场，积极参与中巴、孟中印缅经济走廊建设，推动实现“一带”与“一路”有效连接，形成连接西北地区与东南亚国家市场的重要门户。促进北拓，推进嘉策铁路扩能改造，开辟“蒙煤入甘”“疆煤东运”煤炭战略运输通道，建设西部煤炭物流中心。争取马鬃山口岸恢复通关，加强与俄罗斯库尔干州、新西伯利亚州友好省州合作关系，互设仓储集散中心，扩大甘肃省与俄罗斯、蒙古国的贸易合作，形成与中蒙俄经济走廊有效对接的重要门户。

2. 打造陆港型和商贸服务型物流枢纽新高地

以兰州获批陆港型国家物流枢纽为契机，加快推进兰州国际陆港多式联运物流园、保税物流中心(B型)、兰州新区有色金属交割库、省公航旅金融仓储物流基地等重点项目建设,将兰州国家物流枢纽建成连接"一带一路"沿线国家和地区的骨干枢纽。以兰州国际陆港、兰州国际空港为重点,建设兰州新区航空快件中心、邮政快件中心、跨境电商分拨中心、兰州进口商品集散分拨中心。推动兰州、武威、天水、敦煌、嘉峪关等陆港空港协同发展,加快培育兰州商贸服务型、酒泉陆港型国家物流枢纽,优化商贸物流发展布局,推进西部(甘肃)煤炭交易中心、甘肃(武威)进境木材加工基地等物流基础设施建设,深化省区合作。加快通道物流基础设施建设,启动定西—平凉—庆阳铁路、天水—陇南铁路、兰州—汉中—十堰高速铁路、兰州—重庆高速铁路、敦煌—若羌铁路以及嘉策铁路扩能改造等项目前期,推进兰州至合作铁路、西宁至成都铁路甘肃段项目建设。

3. 培育枢纽经济产业发展新动能

深化供给侧结构性改革,持续开展精准招商,引进和培育一批特色突出、规模较大、外向度较高的市场主体,形成推动枢纽经济产业发展的新动能。引进国内外一流的现代物流企业、外向型实体企业、平台运营企业,落户综合保税区、保税物流中心和国际陆港。发挥甘肃省粮油果蔬等农业特色产业、集成电路等高新技术产业、镍钴铜等有色金属产业、木材加工产业优势,大力开展保税加工贸易,多元化开拓国际市场,发展外向型产业集群。聚焦"牛羊菜果薯药"六大特色产业,完善市县乡三级农产品市场体系,大力发展冷链物流,形成甘肃省农产品有效对接外部市场的流通网络,提升物流枢纽集聚辐射带动能力。启动运营通道物流产业基金,实施重大项目带动。积极争取将兰州列为全国多式联运综合体试点,重点对经阿拉山口入境的中欧(中亚)班列在兰州进行解编分拨,引导出境集拼集运班列在兰州集结,实现整列编组运营,建设国家中欧(中亚)班列集结中心。建设有色金属交割库及现货交易中心,带动加工产业在周边集聚,建成西部开放型经济发展引领区和“一带一路”有色金属加工集散枢纽。甘肃省各市州要立足实际和优势,谋划打造一批枢纽制高点的园区及中心项目,加快培育产业发展新动能。

4. 提升口岸经济发展新水平

围绕“一带一路”建设,巩固基础,挖掘潜力,突出特色,开拓市场,提升口岸经济质量和效益。大力引进指定口岸运营主体,重点突出木材、粮食、汽车整车等口岸运营,强化兰州新区综合保税区出口退税、进口保税、保税加工、外向型产业聚集功能,大力发展粮油、木材、有色金属等靶向型产品和出口导向型产业。发展临空经济,打造“空中丝绸之路”,巩固拓展兰州中川机场国际航线,增开兰州至加德满都、拉合尔等直飞“一带一路”沿线国家全货机国际航线,开通兰州至曼谷、吉隆坡等国际航班腹舱带货业务,提升国际航空货运能力。促进铁路、航空口岸及海关特殊监管区间有效连接,加快国际贸易“单一窗口”建设,推动航空口岸、铁路口岸、综合保税区、保税物流中心优势互补,提高物流综合运营能力,建设口岸体系全、功能配套齐、通关效率高、服务环境优、集聚辐射强的开放口岸高地。

5. 建立国际陆港错位发展新引擎

加快完善兰州国际陆港物流基础设施和集散运输体系。兰州铁路口岸东川作业区重点发展大宗商品物流集散,依托陆海新通道建设,推动中欧、中亚、南亚国际货运班列常态化运营,建设兰州国际陆港汽车整车进口指定口岸、国家中西部货运枢纽中心和铁路物流中心。兰州铁路口岸中川北站作业区重点发展“物流 + 产业”，推动中亚国际货运班列双向常态化运营，加强进境粮食指定监管场地运营，建设甘肃国际物流集散转运中心、西北地区进口商品展示中心和跨境电商园区。武威国际陆港重点建设以进境木材加工为主的产业集聚区，推动进口肉类、进境木材指定口岸运营。天水国际陆港重点打造关中平原城市群区域物流配送基地，以电子商务产业园、高新技术产业园、农产品深加工产业园为基础，建设天水国际陆港公路物流中心、铁路物流中心，形成错位发展、横向联动推进的新引擎。

6. 探索高铁快递物流服务新模式

完善高铁快递物流基础设施建设，改造优化高铁快递物流专用设施设备，依托兰新高铁、宝兰高铁、兰渝铁路，构建以兰州为枢纽，连接西安、重庆、成都、西宁、乌鲁木齐等西部中心城市，辐射省内主要市州的高铁快递物流运输网络。加强兰州—西安、兰州—乌鲁木齐、兰州—成都—重庆高铁快运合作，打造“丝路高铁快运”品牌，为特色产品物流提供高铁快运通道。在兰州建设集收发、集散、分拣、仓储、包装、配送等功能于一体的高铁快递物流基地。推动高铁快递物流信息联通，推进道路货物运输电子运单管理，促进铁路、公路和民航快递物流信息互联互通，加快实现服务智能化。引导甘肃省电子商务与高铁快递物流融合发展，联合电商平台，完善生鲜冷链物流配送体系，强化高铁枢纽物流组织功能，提升高铁快递物流业服务水平。

7. 拓展国际货运班列综合功能

加强陆海新通道沿线省区市平台公司合作，积极拓展货源，加密南向班列。推进中欧（中亚）班列与南向班列对接，依托指定口岸开展木材、棉纱、粮食等转口贸易、分拨加工，吸引外向型产业落地，形成“物流＋加工贸易”的发展模式，提升班列运行质量。推进南亚公铁联运班列进入中国国家铁路集团有限公司多式联运图定班列，开通兰州—莫斯科、兰州—伊斯兰堡班列，打造甘肃特色品牌班列。稳定开行兰州—钦州港直达班列，对接开行兰州—重庆中转班列，积极开行市州专列和农产品冷链物流班列，增加从新加坡、越南等东南亚国家进口海产品、热带水果等回程班列。与沿海省市合作共建兰州无水港，配套建设兰州国际陆港冷链物流园、酒钢集团多式联运物流园和白银综合物流园等物流场站，促进公路、海运、航空等与中欧班列和南向班列在运输、仓储、配送、通关、结算等环节的有效衔接，实现“铁、公、空、海”等多式联运无缝衔接。

8. 完善国际国内物流网络体系

鼓励甘肃省物流企业在“一带一路”沿线国家共建物流中心，有序规划建立展示展销中心、物流仓储平台和冷链物流配送网络。重点支持甘肃省企业与白俄罗斯、格鲁吉亚、尼泊尔开展通道物流、新能源、文化旅游、国际贸易等领域合作，推动形成多个跨境贸易物流集疏中心。支持甘肃省企业巩固完善哈萨克斯坦、俄罗斯、新加坡、尼泊尔、泰国、缅甸、阿拉伯联合酋长国、孟加拉国等海外仓功能，提升哈萨克斯坦、新加坡、白俄罗斯“甘肃特色产品展示展销中心”运营水平。与境外企业共同组建合资物流企业，带动甘肃省特色产品“走出去”，挖掘组织返程货源，服务国际班列双向集货和物流分拨。加强与香港特别行政区国际供应链联盟、新加坡太平船务有限公司合作，在兰州国际陆港设立办事处，建设中新(兰州)国际物流园。推进甘肃省与京津冀、长三角、粤港澳大湾区、西部陆海新通道沿线省区市合作，加强农产品产销对接，推动设立特色产品营销中心。

9. 建设甘肃枢纽制高点物流信息中心

引入国内知名物流信息平台运营商，在兰州建设“一带一路”

供应链大数据中心。优化整合甘肃省已有物流场站基础运营平台信息与资源配置，联通周边省区集拼集运物流信息平台，贯通行业信息，打造服务“一带一路”国际物流的智能化综合运营平台。

（四）保障措施

1. 加强组织领导

充分发挥甘肃省通道物流产业发展工作联席会议制度作用，定期研究重点项目落地、重大产业培育、重要政策落实情况，及时解决工作中的重大问题。强化规划引领，建立重点项目库，落实省级领导包抓责任制，推进重大带动性工程项目落地和重要政策落实。

2. 创新政策支持

积极争取兰州建设全国中欧（中亚）班列集结中心，争取设立中国（甘肃）有色金属自由贸易试验区。争取中国铁路总公司参照中欧班列给予陆海新通道运价优惠。支持冷链物流和三级市场体系建设。用好通道物流产业发展基金，放大基金撬动效用，加快重点项目投资进度，推动兰州成为甘肃乃至西部开放型经济发展先行引领城市。

3. 强化人才培养

有计划、分批次地举办枢纽经济、通道物流产业人才专题培训班，对相关人员进行系统培训。组织物流企业高管人员赴发达地区及“一带一路”沿线国家考察学习。从国内高等院校、科研机构、行业主管部门聘请一批专家学者组建专家咨询团队，为发展通道物流产业提供智力支撑。

4. 严格评估督查

各市州及通道物流产业发展工作联席会议各成员单位要细化

工作措施，明确完成时限，加强跟踪落实和督查问效。建立第三方评价机制，对重点支持项目进行绩效评估，扬长避短，务求实效。

（五）工作路径

紧盯目标任务，创新工作方式，加大工作力度，积极抢占通道制高点，延伸产业链条，力促通道物流业成为甘肃省重要支柱产业。

1. 注重政府引导，强化市场运作

充分发挥市场配置资源的决定性作用和更好发挥政府作用，更加注重企业主体地位，建立政府推动、企业主体、市场化运作的互动长效发展机制。建设物流设施，整合物流资源，共享物流信息，构建物流体系。加强物流优化、货源组织、货物集散，推动商贸物流业成为甘肃省经济发展的新亮点。

2. 加强统筹协调，促进平衡发展

立足亚欧大陆桥西通道中心的定位，深度融入南向通道建设，增开西向、南向国际货运班列，强化铁路、公路、航空、海运等多种运输方式互联互融，促进物流枢纽、节点、基地、园区互通互补，实现经济效益、社会效益和生态效益同步提升，打造“一带”与“一路”、西北与西南、中西亚与东南亚互联互通的战略通道。

3. 深化改革创新，增强内生动力

积极学习借鉴国内外先进物流技术和管理经验，复制推广自贸试验区改革试点经验，深入推进供给侧结构性改革，深度落实“放管服”改革，提升投资贸易便利化水平。探索建立物流基础设施发展模式，注重吸收、鼓励创新，强弱项、补短板，形成服务功能完善的平台支撑体系，增强通道物流产业发展内生动力。

4. 坚持整体推进，实现重点突破

突出地域优势，体现产业特色，加强甘肃省内区域行业联动，整合资源、抱团发展，强化省部省际合作，确保要素资源顺畅流动和优化配置。用足用好国家和甘肃省关于加快发展现代商贸物流业的政策措施和绿色生态产业发展基金，加快重点项目建设，引导错位发展，突出品牌引领，进一步提升物流集散通达能力和区域辐射力。

第四章

甘肃省强化“一带一路”通道枢纽地位的基本路径

一、强化基础因素，提升综合枢纽能力

（一）完善枢纽基础设施建设，增强综合枢纽功能

加强铁路、公路、航空的基础设施建设，完善铁路枢纽、公路枢纽、航空枢纽的功能，优化和完善枢纽布局，提高装卸作业效率、运输能力、调度能力、增强多种枢纽之间的衔接能力，发挥多种枢纽的合力，提升甘肃省作为内陆枢纽的竞争力。加快推进高速公路网和市域、城际为一体的铁路网建设，依托现有铁路网，打造以兰州为中心的 1 小时经济圈。具体而言，包括以下几点：

1. 公路、铁路

争取在“十四五”期间，省内陆桥通道和综合枢纽建设取得突破性进展，在全省铁路网主骨架的基础上继续发展形成快速客运网和大能力货运网，对外通道布局更加完善，铁路营运里程力争达到 9000 公里，其中快速铁路里程 5000 公里以上，路网密度 150 公里/万平方公里。形成以“一心、一轴、两网、三圈、九通道”为主，内

联外通、点线结合、对外放射、对内成网的路网结构。统筹铁路集装箱中心,构建陆空无缝对接与多式联运的集疏运系统。同时优化节点城市综合交通集疏运系统,将节点城市与辐射腹地通过高速公路、高速铁路衔接成更加快速顺畅的通道。节点城市内的转运、铁路站点等枢纽点要建设高效运转的集散系统,提供一体化服务,实现全程快速连入全国运输网络。力争从甘肃省会兰州通往省内大部分市州的旅行时间在3小时以内,各州市之间的旅行时间在6小时以内,省会兰州通往全国大部分中心城市的旅行时间在10小时以内,届时,甘肃省旅客旅行时间将大幅缩短,全社会人员交流效率将大幅提高,客货运输便捷性、时效性将大幅改善。打造现代化的中欧班列集结中心,构建国际班列国际货运综合服务平台。打造中欧(亚)国际货运班列编组枢纽。在现已开行的“兰州号”“天马号”“白银号”中亚、南亚国际货运班列的基础上,积极探索开行中巴、中欧新线路。支持国际货代企业在中欧班列目的地合作设立境外物流中心,发挥武威木材进境指定口岸、兰州铁路口岸、白银海关监管仓库的平台作用,支持开行木材、粮食、矿产品等回程国际货运班列。加强与重庆、成都、宁夏等中欧班列运营公司合作,支持企业开展班列出口零担货物属地拼箱、口岸“集拼集运”业务,提高中欧班列的货物集散和归集能力。在兰州市启动建设中欧班列进口商品超市、跨境电商进口商品展示展销中心。

建设互联互通南向通道。推进南向通道国际货运班列实现常态化运行,发挥甘肃省国际物流有限公司的平台作用,尽快形成运营能力,与周边省区建立班列运营合作机制,积极拓展货源,稳定开行兰州—钦州港直达班列,确保常态化运行;对接开行兰州—重庆中转班列,逐步增加频次。积极开行市州专列和农产品冷链物流班列,增加从新加坡、越南等东南亚国家进口海产品、热带水果等回程班列。与广西平台公司等合作共建兰州无水港，配套建设兰州国际港务区冷链物流设施，探索建设兰州国际港务区多式联运综合体。推动形成品牌效应，逐步将兰州国际港务区打造成物流高效便捷、区域产业联动、经贸合作互动的国际陆海贸易通道枢纽，发挥南向通道的副中心和西北区域中心效应。

2. 航空

加快省内通用航空基础设施建设，完善不同类别通用机场建设，配套建设固定基地运营设施（FBO）、通用航空维修设施（MRO）等，实现所有行政区域通用航空机场百公里范围内全覆盖。具体而言，包括以下几个方面：

第一，增强机场综合保障能力。立足甘肃实际，明确省内现有机场发展定位，积极打造机场特色化发展，加快实施中川机场三期扩建工程，打造成为西北重要门户机场，启动榆中夏官营军民合用机场，将敦煌机场打造为国际旅游枢纽机场、国际口岸机场，将庆阳机场打造为陇东门户机场，培育张掖机场成为河西走廊特色旅游文化机场，将夏河机场打造为藏区旅游与民族示范性机场。规划建设空港物流综合保税区物流园。巩固中国邮政航空公司开通的兰州—天津—南京货运航线和顺丰航空公司开通的乌鲁木齐—兰州—杭州货运航线，合作开通比什凯克至兰州国际货运包机，不断提升航空货运能力。启动运营兰州中川国际机场进口水果及冰鲜水产品指定口岸，申报进境食用水生动物指定口岸、进口药品口岸。建成兰州空港物流综合保税区物流园。此外，为了持续提升机场配套保障能力，需加强空管设施设备建设，优化空域结构和管制运行模式，做好机场空管工程建设工作，积极助力通用航空发展。

第二，要提升航空运输服务能力。紧紧围绕建设“一带一路”

通道枢纽，立足承东启西、城南通北的独特区位优势，构建“一门户、一枢纽、两快线、多基地”的发展模式，加快构建联通国际的“一带一路”空中走廊。进一步完善航线网络，积极开辟“一带一路”沿线国家直达航线，打造便捷通畅的多方式、立体化、大容量的综合交通枢纽。加强基地航空建设：在机场基础设施规划建设等方面统筹各基地航空公司的发展战略，按照枢纽机场的业务要求进行合理规划与布局；持续提升运输服务治疗，提高机场服务水平，创造高效的运行环境，减少延误时间发生，完善机场信息化建设，提供便捷可靠的服务和相关信息；合理分配机场设施，合理设计机场运行模式，优化机场航站楼的内部空间和功能、布局规划，注重中转设施建设，建立针对国际口岸机场的转关联运，实现保障服务流程的国际化；完善综合交通联运，加大提升市区到各大机场的专用高速公路建设，促进传统运输方式升级，打造更便捷、多元、密集的连接通道。

第三，加快通用航空保障设施建设。建设通用航空专用停机坪，满足高端商旅及公务机起降的通用航空需求。结合机场改扩建，完善航空设施硬件水平。推进通用机场配套设施建设。根据不同机场的布局方案和功能定位，建设综合型的基地运营设施，有运输机场的市州，依托运输机场建设通用航空维修基地，加强飞行服务站建设。

第四，通过完善机场基础设施建设发展临空物流产业，加快推进空港物流园区建设，规划建设航空口岸、航空货运站等多式联运中转区。设立物流服务区及仓储服务区，将空港物流园建成具有航空口岸功能，保税物流与非保税物流相结合，具有较强可持续发展能力的综合物流园区。

（二）以协同效应打造国家重要的商贸物流枢纽

一是要增强物流产业内部协同。路网、空网、信息网的互联互通要增强，陆港、空港之间要实现功能共享、信息交互、提高物流产业体系的运输效率。持续巩固物流枢纽优势，做大公路网、织密铁路网、优化航空网、做强信息网，推动“四网”协调、兰州—定西—天水—武威陆港联动，着力构建陆空一体、多式联运的综合交通运输网络，进而能够发挥行业“增长极”中的现代化龙头物流企业的关键带动作用。另外，通过统筹推进“内陆港—自贸区—多式联运”增强对高端资源要素的吸引力和整合力，打造国际联运品牌，增强甘肃省内城市群物流业在国内市场中的话语权和参与度。二是要提高金融与物流的协同性。降低物流企业的融资成本，发展新兴的供应链金融业态。拓展物流融资通道，通过股权融资、债券融资、基金等多种融资方式，支持物流行业快速发展。加快培育物流金融，推动金融业和物流业有机融合。加强信用体系建设，重视中小物流企业的信用体系构建，建立中小物流企业信用信息系统。三是提高科技与物流的协同程度。发展物流新技术、新工艺、新装备。四是提高人力资源与物流的协同程度。扩大在技术研发、物流网规划运营、投融资、风险控制、可持续发展等方面的人才招募力度。

具体而言，推进主枢纽建设，实现示范引领作用。探索加快兰州、天水、武威三大陆港建设及其支撑功能，探索进一步推进兰州、嘉峪关、敦煌三大国际空港建设并发挥其作用；加快兰州、天水、武威三大国际陆港建设，建成物流中心进口肉类指定口岸，建成武威铁路国际集装箱场站；兰州新区综合保税区已投入运营，天水也正在建设中。推进兰州、嘉峪关、敦煌三大国际空港建设，加大中川国际机场国际快件中心运营力度；申建进境食用水生动物指定口岸、进口药品口岸，建成兰州空港物流综合保税区物流园。甘肃三大国际陆港辐射面由银川、西宁等西北地区，逐步向华东、华南和西南等地区拓展，进出口货物的集聚程度稳步提升。探索以兰州国际港多式联运有限公司为建设运营主体，打造“一带一路”重要的国际物流中转中心、国际供应链服务中心、甘肃省枢纽经济发展新高地和增长极、甘肃省商贸集散中心及兰州市城市分拨配送中心、西北区域物流信息和大数据服务中心，整合调配向西外贸货运资源，完善物流网络，培育物流企业群，建成具有空铁联用、公铁联用、铁海联用等多式联用方式的国际综合内陆港和国际贸易枢纽。进一步加强国家物流枢纽间的业务对接、标准协调和信息互联，加快构建联通内外、交织成网、高效便捷的“通道 + 枢纽 + 网络”物流运作体系，推动形成国家物流枢纽网络框架和基础支撑；进一步突破内陆开放壁垒，提升陆港型枢纽发展能级，努力将兰州陆港打造成丝绸之路经济带上最大的中转枢纽和集散中心，为践行新发展理念的国家物流枢纽城市提供重要支撑。

二、侧重发展因素，提升可持续发展能力

（一）巩固并拓展通道物流产业

首先，产业结构单一严重制约枢纽制高点建设，所以需要构建枢纽制高点的产业支撑。大力发展进出口贸易，强化甘肃省资源型产品出口基地建设，开拓多元化国际市场，提高外贸进出口质量，可建立进口商品贸易中心或引进大型商贸物流企业，通过延长产业链助力制高点建设。如依托中川北站物流园的集聚优势，延伸物流产业链，开展全供应链商贸物流采购、运输、仓储、交易业务；贸易量最大的木材贸易中，需求结构单一，可以在武威等临近

口岸设立家具厂等，承接国内产业转移，吸引外地企业落户甘肃。依托已经形成的公路网、铁路网与航线网发挥甘肃省的交通枢纽优势，打造“一中心四枢纽五节点”的现代物流产业布局。形成以强大的制造业为基础的“产业航母”，重点培育先进制造业，并突出多业态融合发展，加快构建自主可控的现代化产业体系，以高端资源要素集聚形成高效的枢纽偏好型产业。重点布局先进制造业和生产型服务业，在全球价值链上配置资源要素。

其次，积极发展产业集群，形成产业生态群。产业集群主要包括三大类：一是共生产业，主要包括公路、铁路、航空运输业、陆港建设、装卸搬运、仓储业等，这些基础产业是通道枢纽发展的核心与支柱产业。二是依存产业，是指依赖共生产业形成并发展的产业，包括机械加工、电子商务、产品制造等产业。依存产业拓展了共生产业的价值链，并提高了产业的集聚程度，将简单物流行业延伸到物流与生产一体的产业集群。三是关联产业，是指主要从共生产业、依存产业延伸出的各种服务类的第三产业，包括进出口商品检疫、管理与运营、金融保险、咨询与保理及其他科研、娱乐、旅游、商业等行业。甘肃要强化通道枢纽地位，根本上要发展生产力，以强化产业集群为突破口，发挥传统共生产业优势，培育制造业，发展第三类产业，力求较快形成产业集群的雏形与轮廓。

最后，推动物流枢纽与产业联动发展。加快建设面向制造业集聚的智能服务型物流枢纽，以陆港建设为中心，加快发展装备制造、生物医药等生产制造基地的生产服务型物流。推动生产、配送、物流、供应链管理一体化的物流枢纽内聚地，提升供应链服务与管理水平，推动一般性物流枢纽向生产型和商贸集聚区的物流枢纽发展，推动生产制造与商贸物流融合发展。

具体而言，就是要完善省内物流发展布局，贯彻落实《甘肃省人民政府关于加快发展现代商贸物流业的意见》(甘政发〔2018〕37号),建设“一通道一枢纽四节点六基地”现代商贸物流产业战略布局。重点建设兰州新区进口商品批发中心、氧化铝供应链交易平台、北站物流园金属交割库、多式联运示范工程。建设京通易购电商产业园、兰州国际港务区多式联运物流园、甘肃物产皋兰公铁综合物流产业园等,吸引沿线国家在兰州建立零担货物采购中心和进口商品分拨中心,形成高密度商贸空间。加快建设甘肃省国家中药材物流基地,构建甘肃省中药材现代物流体系。建设互联互通南向通道:在兰州无水港建成的基础上,发展兰州国际港务区多式联运综合体,打造南向通道的副中心和西北区域中心。建成多式联运保障基地、国际空港保障基地、跨境电商综合交通物流园、综合保税区港区联动服务支撑工程、铁路专用通道、装卸设备智能化示范工程、多式联运信息平台及服务标准体系等。打造中欧(亚)国际货运班列编组枢纽:在甘肃主要城市启动建设中欧班列进口商品超市、跨境电商进出口商品展示展销中心。建成跨境电商进口商品展示展销中心,在德国、波兰、荷兰、俄罗斯等国设立境外物流中心,在兰州建成中欧班列进口商品超市;与重庆、四川、宁夏等地的中欧班列运营公司合作,提高中欧班列,货物集散和归集能力。构建国际营销网络体系。建设白俄罗斯格罗德诺州物流园,建立阿拉伯联合酋长国、泰国等海外仓,组建物流企业联盟和外贸企业联盟。在越南、尼泊尔、俄罗斯建设海外仓,在哈萨克斯坦、法国建立售后服务中心,在沙特、伊朗设立特色产品展示展销中心。实施外贸突破行动计划,推进跨境电商业务在兰州新区落地,新增有外贸实绩的企业,培育进出口过亿美元的企业;促进跨境转口贸易发展,启动建设“中国焉支国际商品城”;承接温州、义乌、深圳物流商贸转移和东部外向型产业及加工贸易梯度转移,新引进外向型知名企业 1 ~2 家。实施冷链物流建设计划，建成 8 个大型商品交易市场、20 个农产品产地批发市场、30 个农贸市场、40 个冷链物流项目。兰州国际高原夏菜副食品采购中心等 14 个大型商品交易市场一期项目已完工，二期项目正大抓紧实施。培育壮大产业体系，建设河西“戈壁农业”示范园，加大武威木材深加工产业项目招商力度；建设兰州、天水装备制造、电子封装和河西、陇东南有机农产品出口生产基地；建成兰州新区中亚粮油储运加工产业园。完善国际贸易“单一窗口”功能，口岸通关时间压缩 1/3；继续推动口岸监管制度创新，优化口岸通关综合流程；国际贸易“单一窗口”业务覆盖率超过 70%。

（二）积极培育数据信息产业，建立丝绸之路信息“通道枢纽”

新形势下的对外开放已不仅仅是传统意义上的经贸交流和人员往来，而更多的是信息流、技术流和资金流的流动，因此，全方位开放信息技术要有更多担当。依托新丝绸之路黄金段区位，甘肃省应抓紧建立信息“黄金通道”，加快 5G、大数据、人工智能、区块链等新型基础设施在商贸物流枢纽的综合应用，推进枢纽建设向数字化、智慧化方向变革，为政府和企业提供最新的大数据支持。通过打造数字化新丝绸之路，加快全方位开放进程中跨境电子商务的发展，融合云端数据共享与应用，将大数据与区块链技术尽快运用于枢纽制高点建设过程中。借助电子商务中心开展对外贸易优质电子商务产品，为甘肃省企业提供完善的阶梯式进出口贸易展示、推广和撮合服务，广泛应用“线上撮合、线下交易”，以全流程电子商务服务为甘肃省企业开辟走向国际市场的新通道。通过政策、技术和资金支持，扶持外贸企业利用电子商务开拓国际市场，充分调动企业积极性。

为推进枢纽建设高速发展，迫切需要建立现代化的信息管理系统。建议根据政府部门、物流企业、货主企业以及公共服务机构的需求，建设包括门户网站、物流业务交易、物流作业管理和电子政务支持四大平台的现代信息管理系统，促进资源整合，吸引国内外物流信息平台运营商建设基于“一带一路”枢纽的供应链大数据中心，整合已有的信息化平台，连通毗邻地区各类信息平台，建设“一带一路”国际物流智慧化综合运营服务大平台，为甘肃枢纽建设提供信息化保障。构建完备的信息网络，加强政府部门、企业与公共服务机构的沟通衔接，沟通诸如货源、运力、在途运输、库存、通关、检验检疫、道路状况等各种物流信息要素，提高物流效率。推动物流园区智慧化改造试点并广泛推广，支持物联网技术应用于物流枢纽建设，改造提升装卸搬运、运输、仓储、分拣、配送等作业效率和管理水平。

建设大数据物联网配套支撑系统。围绕建设以兰州为中心的“一带一路”物流通道及跨境贸易枢纽，积极与丝绸之路信息港相关平台对接，建设商贸物流大数据平台及大数据物联网配套支撑系统，提高甘肃省在“一带一路”建设中贸易、物流及供应链领域的地位，促进形成区域经济跨产业协同和全新发展空间。创新发展运输配载、跟踪追溯、库存监控、数据分析、信用评价等各类专业化、特色化增值服务，构建与之配套的物流及供应链大数据管理与服务系统、跨境贸易云服务平台，促进丝绸之路沿线国家物流信息合作共享。

（三）提升产业聚集功能，培育发展先进制造产业

深化供给侧结构性改革，大力引进和发展一批特色显明、规模较大、外向型的各类市场主体，积极培育推动枢纽经济产业发展的

新动能新引擎。着力加强基础设施建设,构建多式联运中心,争取与境外交通设施互联互通。依托兰州铁路口岸“一口岸、两作业区”的优势,利用指定口岸,建设进口商品贸易中心。加强与周边国家口岸功能衔接,完善口岸相关设施。引进国际贸易公司、第三方物流企业和金融机构,提高国际贸易的分拨能力,提供跨区域配送和信贷代理等服务。将兰州打造为比较优势明显、具有鲜明特色,集金融、保险、代理以及信息等服务功能为一体的“一带一路”区域性商贸物流中心。

此外,枢纽制高点建设初期,资金支持极为重要。结合甘肃省当前经济发展水平和财力状况,一方面,可对枢纽建设项目进行相应的政策倾斜与资金支持,如针对陆港物流园区土地熟化、运营管理、资本运作和房产开发四种运营模式进行相应的扶持,吸引物流企业入驻兰州陆港,从而创造良好的经济效益;另一方面,可以通过金融手段获取外部资金,一是探索新型国际投融资模式,二是发挥多边金融合作支撑作用,三是不断提升金融机构合作水平,四是完善金融市场体系建设,为甘肃省枢纽制高点建设提供稳定、透明、高质量的资金支持。

具体而言,就是要培育、壮大产业体系,发挥物流带动作用,壮大甘肃省特色农产品、优势资源型产品、高新技术产品产业。着眼“一带一路”沿线国家产业特点、市场需求和比较优势,大力发展靶向型产品和出口导向型产业,建设加工贸易梯度转移重点承接基地。引进面向中西亚出口的建材家居、机电产品、能源装备等加工产业,集中布局,加强国际产能和装备制造业合作。创新监管模式,探索开展加工贸易企业实施“自主备案、自主核报、自主缴税”和“集中审核作业”等改革试点项目。支持企业提高深加工能力、延长产业链,促进加工贸易转型升级。重点建设兰州新区中亚粮油储运加工产业园，建设河西“戈壁农业”示范园，建设兰州、天水装备制造、电子封装和河西、陇东南有机农产品出口生产基地。武威市以进境木材指定监管场地通过海关总署获批对外开放为契机，重点培育木材贸易加工产业链，推动木材和木制品产业在武威聚集发展，在建设西北地区进口木材集散中心、发展木制品深加工产业、打造国际家具产业园区、聚焦外向型平台联动发展等领域重点发力，走出一条内陆欠发达地区经济转型升级、绿色崛起的高质量发展之路。

建成兰州国际港务区多式联运综合体。出台南向通道货运班列物流补贴资金管理办法，发挥甘肃省国际物流有限公司的平台作用，尽快形成运营能力，与周边省区建立班列运营合作机制，积极拓展货源，稳定开行兰州—钦州港直达班列确保常态化运行。对接开行兰州—重庆中转班列，逐步增加频次。积极开行市州专列和农产品冷链物流班列，增加从新加坡、越南等东南亚国家进口海产品、热带水果等回程班列。探索建设兰州国际港务区多式联运综合体。在兰州市启动建设中欧班列进口商品超市。打造中欧（亚）国际货运班列编组枢纽。在现已开行的“兰州号”“天马号”“白银号”中亚、南亚国际货运班列的基础上，积极探索开行中巴、中欧新线路。支持国际货代企业在中欧班列目的地合作设立境外物流中心，发挥武威木材进境指定口岸、兰州铁路口岸、白银海关监管仓库的平台作用，支持开行木材、粮食、矿产品等回程国际货运班列。加强与重庆、成都、宁夏等中欧班列运营公司合作，支持企业开展班列出口零担货物属地拼箱、口岸“集拼集运”业务，提高中欧班列的货物集散和归集能力。在兰州市启动建设中欧班列进口商品超市、跨境电商进口商品展示展销中心。重点建设兰州新区进口商品批发中心。完善省内物流发展布局。建设兰州物流大枢纽，建设天水、平（凉）庆（阳）、金（昌）武（威）、酒（泉）嘉（峪关）物流节点，建设张掖、白银、定西、陇南、临夏、甘南物流基地。重点建设兰州新区进口商品批发中心、氧化铝供应链交易平台、北站物流园金属交割库、多式联运示范工程。建设京通易购电商产业园、兰州国际港务区多式联运物流园、甘肃物产皋兰公铁综合物流产业园等，吸引沿线国家在兰州建立零担货物采购中心和进口商品分拨中心，形成高密度商贸空间。申报建设兰州新区进境粮食指定口岸。启动运营兰州新区综合保税区和武威保税物流中心进口肉类指定口岸，申报建设兰州新区进境粮食指定口岸。按照海关总署、财政部、国家税务总局、国家外汇管理局四部委新的指标评估体系，加快建设兰州国际陆港保税物流中心（B 型）。建成验收武威保税物流中心进境木材监管场，立足西北市场谋划建设进境木材加工基地，建设武威铁路国际集装箱场站。加快实施甘肃（天水）国际陆港基础设施及铁路物流中心、公路物流中心、保税物流中心等一期项目建设。实施冷链物流建设计划。构建市县乡三级农产品市场营销体系，加快推动农产品冷链物流建设。

（四）扩大第三产业对外开放，构筑服务业发展新局面

国际金融危机爆发迄今，以跨境贸易和跨国投资为主的第三产业在推动经济全球化向纵深发展方面扮演越来越重要的角色，以服务业为主的国际间经贸谈判数量明显增多。为了进一步加深甘肃全方位开放的力度和深度，抢占服务贸易作为新一轮国际贸易竞争的增长点，要通过扩大开放促进第三产业加快发展，为稳增长、扩就业、调结构、促创新，促进国民经济提质增效升级注入新的动力。为了应对并赶上第三产业发展的新局面，甘肃省政府应积极努力地抓住经济全球化加速发展的历史机遇，进一步放宽市场

准入，主动扩大优质服务进出口，积极探索服务贸易创新，着力推动在管理体制、开放路径、发展模式等方面有新突破，努力打造更具吸引力、更具竞争力的投资软环境，激发市场活力，为服务贸易发展注入新动能。积极培育各类新兴服务业态，努力提升服务业综合水平，着力提高跨境服务业竞争力，努力促进服务贸易的可持续发展，不断拓展甘肃省第三产业对外开放合作的发展空间。与传统的货物贸易相比，甘肃省第三产业开放力度明显滞后。因此，尤其要在人文交流、中医药和信息通信等方面找到突破口，既鼓励省内第三产业积极“走出去”，又鼓励逐步开放金融、教育、文化等领域的外资准入限制，积极稳妥有序推进服务业对外开放，由以往被动接受向主动提供专业服务转变，真正实现货物贸易与服务贸易并行，共促进、共发展。以便更大程度上嵌入以服务为主导的全球价值链，推动甘肃省服务业持续健康发展。同时，积极推进服务智慧化，引导服务业与数字化、智能化、网络化的深度融合，催生线上服务的新模式、新业态、新产品。

构建国际营销网络体系。支持中国甘肃国际经济技术合作总公司等企业在白俄罗斯格罗德诺州采取“两国双园”参股模式合作建设物流园。发挥农产品流通企业联盟作用，组建物流企业联盟和外贸企业联盟，利用好霍尔果斯口岸、哈萨克斯坦“甘肃省特色农产品集散中心”等已建成平台和“走出去”项目，支持企业在阿拉伯联合酋长国、泰国、尼泊尔、俄罗斯等国建立海外仓，在法国、越南、沙特、伊朗和哈萨克斯坦等重点出口国家和地区，规划建立展示展销中心、服务中心、物流仓储平台和冷链物流配送网络。

（五）充分发挥比较优势，积极参与国际分工

如果将甘肃省企业与中东部沿海城市，或周边兄弟省份企业

相对比，能发现甘肃的比较优势不在技术、管理与资金，而在廉价劳动力与资源方面。甘肃省常住人口约3000万，有丰富劳动力资源且价格相对低廉，劳动力成本低，优势明显。在产业方面，石油化工、有色冶金等是甘肃传统的优势产业，“一五”时期国家在全国布局了160个重大项目，有16个，即1/10在甘肃，如兰炼、兰化、白银公司等国有大中型企业。战略新兴产业，如新能源和新能源装备制造，在甘肃也非常有优势，这也正好是中亚国家、欧洲国家能够和甘肃省合作共同打造产业链、振兴经济的产业优势。我国和中亚国家在联合培养人才方面，甘肃是一个战略中心，中亚国家有很多人信仰伊斯兰教，甘肃临夏回族自治州和他们有很多人文交流，中亚国家在我国的留学生很多在甘肃。因此，甘肃省企业可以充分发挥成本优势，积极发展纺织、服装、玩具等劳动密集型产业，提升国际竞争力；同时可以加强与中亚、西亚国家的产业合作，充分发挥甘肃省传统制造业和战略性新兴产业的优势。另外，企业可以充分利用民族经济，加强与中亚、西亚国家的经济合作与交流，扩大对外贸易、文化、技术等的合作与交流。

（六）加大人才吸引力度，完善人力资源支撑体系

目前制约甘肃省经济社会发展的重要生产要素是人力资源，高层次人才很难被吸引进入甘肃，同时又有很多本省的人力资源大量流失，严重影响了本地区经济社会的高质量发展。面对如此困境，需要省内统筹各方力量，加大政策支持与优惠力度，不遗余力引进各方人才汇聚于此。随着兰州陆港在国际贸易、国际物流、国际合作等领域的业务范围不断拓展，急需组建一支跨层级、跨部门、跨专业的运营团队，提升专项工作的质量和效益。一是加大人才培养力度。选拔专业知识丰富、综合素质较高、工作态度积极的

年轻干部到执行和操作岗位，让他们在业务一线增长才干、积累经验、加快成长。二是完善组织保障。要统筹政府与企业的力量，着力吸引和培养大批专业化人才，通过提高科研经费奖励、实行弹性化上班制度、完善人才引进的相关配套基础设施建设，让大批专业人才安家乐业。通过政府与企业的多种投资方式培养创新人才，逐渐建立起不同领域人才梯队，从国内高等院校、科研机构、行业主管部门聘请一批专家学者组建专家咨询专业团队，或者通过并购获得所需人才和相关的技术专利，为打造甘肃省枢纽制高点提供坚强智力支撑。打造高效运转的管理团队，加强制度建设、完善保障措施、形成正向激励。三是健全考核机制。结合项目进度、完成质量、呈现效果等，对团队进行定期考核评价，充分调动团队的积极性、主动性、创造性。

打造“一带一路”国际商务合作高端论坛。在中国兰州投资贸易洽谈会期间举办的“丝绸之路合作发展高端论坛”中，增加通道经济议题；在丝绸之路（敦煌）国际文化博览会期间举办“通道与物流专题论坛”，邀请国际知名学者、高端智库专家、著名企业家参会，交流研讨、凝聚共识。探索建立跨境服务“千店联盟”等交流合作平台，为丝绸之路沿线国家和地区的企业及民间贸易往来提供信息共享和资源对接。

（七）对接六大经济走廊，发挥甘肃省通道枢纽核心功能

“一带一路”经济带根本作用在于促进沿线国家和地区的经济交流合作发展，而六大经济走廊是最直接、最有效的平台和载体。其中新亚欧大陆桥、中国—中亚—西亚经济走廊、中巴经济走廊、中蒙俄经济走廊都借道甘肃，为甘肃带来了极大的便利与发展东风。首先，甘肃全方位开放应该着重打通西北的门户，通过在甘肃

建立自由贸易区，吸引中西亚国家向东发展。其次，要开放向北门户，对接“一路”的北线，推动甘青宁经济协同发展以及周边城市群的一体化建设。再次，开放向西大通道，发挥千里河西走廊的战略通道优势与兰州市“座中六联”的区位优势，弥补交通基础设施建设的欠账，打通东西南北公路、铁路的连接。最后，要打开甘肃省向南开放门户。通过新欧亚大陆桥东线对接上海自贸区，发挥与长三角省区经济互补优势，特别是加强在科技产业发展方面的合作。通过打开甘肃省面向海洋的通道，扩大甘肃省特色优势产品的出口，实现与海上丝绸之路的更好对接。随着南向通道的开通，正是甘肃省文化旅游走出国门的大好机遇，甘肃完全可以借助中西南向通道大力发展商贸物流与人文交流，以向南发展为新方向，加快“一带一路”开放型发展产业支撑体系。

三、重视保障因素，提升保障发展能力

（一）以实施“一带一路”倡议为契机，着力更新观念和解放思想

围绕紧紧抓住“一带一路”重大机遇，进一步解放思想和转变观念，坚决破除一切思想观念的束缚和体制机制弊端，鼓励各行各业大胆探索，先行先试、敢闯敢试，激活创新求变的基因，构建运行高效、充满活力的制度体系。转变参与国内国际竞争的传统理念与思路，立足目前的现实状况与条件，大力解放思想，引入新业态与新商业模式，鼓励有条件的地区进行先行先试，及时梳理好的经验与做法并逐步推广。解放思想不应仅限于政府层面，还应扩大到企业、相关行业、领域、科研机构、高等院校等高层次生产要素层面。以战略眼光来通盘考虑目前枢纽制高点建设的现状、机遇、优势、挑战，统筹安排各方工作，深化甘肃省对“一带一路”倡议的认

识。在战略上有所突破和创新,才能引领全省实现高质量发展与绿色崛起。

(二)以转变政府职能为抓手,创新对外开放的体制和机制

反思过去甘肃省对外开放的体制机制建设,多以税费减免和土地出让来发展对外贸易,在体制机制创新方面不足。现在围绕打造“一带一路”枢纽制高点的定位,需要深入推进供给侧结构性改革和行政管理体制改革,实施更加积极主动的对外开放带动战略,全力打造开放层次更高、营商环境更优、辐射带动作用更强的开放新高地。体制机制的建立与完善作为制高点建设的主要抓手,通过提升制度和政策与产业发展的协调性与配套性推动制高点建设。例如,切实发挥好省通道物流产业发展工作联席会议等制度作用,放大各类交流沟通协调平台的融合、交互、共享的桥梁纽带作用。针对职权分配不合理问题,建立统一协作机制。广西三港多年的无序竞争导致整体发展缓慢,后经过职能的统一整合、明确分工和差异化定位,整体发展水平大大提高。甘肃要对各个港务区、物流园区、综合保税区及其运营主体企业等进行整合,形成统一品牌,对内提高资源配置协调,对外提升与国外铁路公司对接能力。此外,建议下放审批权限。兰州陆港目前还不具备补贴发放管理权限,无法对补贴进行核算和灵活发放。完善以核心节点城市为中心的自由贸易区—内陆商贸物流枢纽—电子监管通道的联运模式,探索服务跨境电子商务等新型贸易模式的管理机制,建设公—铁—空的跨省智能化货物通关体系。

另外,建议配置较高级别的行政组织,加强组织领导。西安与郑州国际港务区都组建了专门的领导小组,制定中长期发展战略,形成了独特的内陆港建设发展模式,创造性地实现了多式联运的

高效组合与便捷运输。建议甘肃省政府可以配置较高级别的行政组织负责建设省内陆港，委托专业机构编制总体规划和可行性研究报告。可以借鉴成都、西安、郑州等地的经验，在建设之初由省政府牵头，省市两级政府和相关部门组成联合工作领导小组，负责加强对国际陆港建设的工作指导与综合协调。

（三）深化与"一带一路"沿线国家的合作，加快向西开放步伐

按照国家赋予向西开放的重要门户和次区域合作战略基地的定位，甘肃省政府应积极建立向西开放平台，甘肃省企业应充分利用地缘优势，不断深化与"一带一路"沿线国家的务实合作，借助外力加快推进转型升级，实现高质量发展。首先，建立内地经济技术开发区，即在省内的某些地区或城市内划出一定的区域，实行对外资、外商的开放，欢迎外商投资办厂，生产替代进口的产品及用本地原料加工外销产品。在吸引外资时，既要降低税率，实行直接或间接补偿贸易，又要提高企业的外汇留成，只有这样才能提高国外投资者与国内合作者的积极性。其次，建立民族经济发展试验区。甘肃省的临夏地区是伊斯兰民族聚居地，与阿拉伯国家来往密切，为了吸引和利用这部分资源，可以试点建立民族经济发展试验区，通过提供优惠政策、便利条件来建立与中东、西亚等国家的经济、贸易联系，拓展民族用品贸易渠道，全面提升甘肃省对外开放水平。深挖甘肃省区位及特色农产业优势，着力加强与丝路沿线国家和地区粮食生产、加工、销售的全链条合作，围绕打造"西部粮都"建设向西开放的区域性粮食仓储中心、粮食期货贸易中心、主食转化加工配送中心以及进口粮食加工基地。对外开放是我国基本国策之一。甘肃省打造枢纽制高点，关键是构建全面对外开放

的新格局。目前，中国经济进入新常态局面，在对外开放中，为了应对新挑战，第一，政府应积极推动国有企业、投资体制、相关产业特别是服务业的改革，继续放宽市场准入，扩大服务业开放，加强知识产权保护，为外商营造稳定透明的政策环境、高效规范的行政环境和公平竞争的市场环境。第二，政府应积极开展对外谈判，通过遵守规则或履行承诺，扩大市场准入，更加注重发挥外资的技术溢出和综合带动效应，统一内外资法律法规，建设法治化国际化营商环境。第三，政府应大力简政放权，不做竞技场的“收票员”和“运动员”，而是做好“裁判员”，为大众创业、万众创新清障搭台，激发市场活力和社会创造力，促进甘肃省对外开放水平的全面提高。

（四）着力打造适宜外商投资软环境

为了吸引更多的外商投资，甘肃省政府应努力创造优良的投资软环境。第一，成立审批国外投资的权力机关，统一审批有关投资项目、基建使用土地、合作方式、税种税率和外汇分成等，避免多头审批、各自为政，提高办事效率，便利外商。第二，将有权直接进行外贸的大中型骨干企业组成对外贸易联合体，可以采用股份制或集资制，给予外贸权，实行独立对外。第三，在新疆边境口岸建立甘肃外贸办事机构，作为甘肃省开拓外贸的据点。第四，省内建立以中国银行为中心的外汇融通市场，调剂外汇余额。第五，建立和实行对外贸易的鼓励、优惠政策，如对换货单位的鼓励政策、民族经济开发试验区的优惠政策、侨资优惠政策、“BOT”投资优惠政策、经营出口加工供料的特殊政策、外贸出口基地的政策等。

培育国内、国际两个市场总体布局与政策扶持，打牢西部陆海新通道运行基础，逐步提升铁路口岸及各主要物流节点的集聚与辐射功能，实现甘肃省铁海联运班列、南向国际公路班车、兰渝班列常态运行，形成通道集聚与辐射，以培育国内市场。加强与重庆、广西、陕西等地合作，如与广西北部湾国际港务区对接合作，在兰州启动建设内陆无水港，进一步与周边省区建立合作机制，拓展货源渠道。借助兰州枢纽，培育青海、宁夏等地市场。

甘肃省传统产业与中西亚、中东欧的很多国家具有互补性，甘肃省要充分利用这一先天优势，大力发展跨境贸易。此外，甘肃省在重工业领域拥有的先进生产技术以及较为丰富齐全的产品种类，可以与上述地区丰富的能源资源优势形成互补。借助甘肃省通道优势，培养中亚与东南亚转口贸易，如将哈萨克斯坦农产品转口至东盟国家，将东南亚水果、冰鲜水产品转口至中亚地区。

（五）创新国际市场进入模式，从“对外开放”走向“对外开拓”

把握“丝绸之路经济带”枢纽制高点设契机，并搭乘“天马号”中欧国际货运班列的春风，甘肃省将迎来新一轮对外开放热潮。面临着这个宝贵的历史性的发展机遇，开展跨国贸易的企业如何选择合适的进入模式尤为重要，只有迅速无障碍进入才能加快拓展国际市场，参与国际竞争，提升企业国际竞争力。由前文中对甘肃省枢纽制高点建设现状的分析可知，目前甘肃省外贸进出口对象主要为北美、澳洲、欧洲的一些国家，而与甘肃地理位置靠近的中亚、西亚地区贸易往来不多。丝绸之路经济带为甘肃与中亚、西亚国家之间的贸易往来奠定了基础，企业应抓住地缘优势，积极加强与中亚、西亚各国的贸易往来。首先，对于目前外贸往来频繁的国家，如澳大利亚、美国等，由于甘肃省深处祖国内陆，甘肃省与这些国家相距较远，运输成本高，因此，甘肃省企业可通过在海外投资设厂、国际收购并购等方式，加快进入国际市场，节约成本。对于同样贸易往来频繁，但是地理位置较近的国家，如俄罗斯，一方面，企业可在当地直接投资设厂，获取当地优势资源；另一方面，也可通过间接出口、特许经营、生产合作等方式加强与当地企业的联系，互通有无。其次，对于中亚、西亚等有地缘优势的国家，甘肃省企业应努力开拓市场，借助中欧国际货运班列，加强与沿线企业的合作。如可在出口市场份额较大的国家和地区设立营销网络，或在当地设立境外研发机构，不断开发适销对路的产品，实行单量单产业务，在促进产品增值的同时，加快企业由单纯的产品输出向技术和品牌输出转变。同时，面对国内资源日趋紧张、原材料价格持续上涨、成本不断上升的局面，企业应积极寻求境外合作，努力拓宽境外资源开发利用的渠道和领域，并通过投资、参股、并购等方式开发境外资源，加强双边合作，利用丝绸之路沿线国家土地、劳动力、原材料等成本低廉的优势，拓展国际运营空间。

（六）积极构筑功能性平台，推动向西开放、向纵深发展

借助“一带一路”倡议的实施，甘肃省要立足区域开放，以区域参与产业分工实现产业高端化，依托甘肃既有的要素优势，整合资源、突出重点，集约高效打造若干区域合作与发展的综合性平台。一是要重点建设全方位开放的综合贸易平台，建设壁垒少、流通快、成本低、便利化向西开放新通道，切实提高贸易流通质效。二是要率先建设全方位开放的交通平台，面向“一带一路”国家建设畅通、安全、高效、便利的交通运输体系，实现各类口岸建设与开发区建设同规划与引进培育各类外贸企业同步推进。三是要积极建设全方位开放的文化平台，搭建起与沿线国家人文交流合作的桥梁，以文化相通、相连、相融推动经济互利互惠共赢。四是要加快建设全方位开放的综合服务平台，为产业合作、企业“走出去”所涉

及的投融资、准入、管理、权益维护等提供保障。要创新投融资体制机制。资本是产业的核心要素，金融是产业的源头活水，投融资渠道畅通便利才能有效支撑向西开放、向纵深推进。特别是要加大各类人才的培养力度，培养一批精通“一带一路”沿线国家国情区情、宏观政策、民族宗教、法律法规、医疗卫生、语言文字等各类知识的高端人才。

参考文献

一、著作

[1][美]哈尔福德·麦金德:《历史的地理枢纽》,周定瑛译,陕西人民出版社2013年版。

[2][英]阿尔弗雷德·塞耶·马汉:《海权论》,一兵译,同心出版社2012年版。

二、期刊

[1]许锬、杨全发:《面向世界市场的区域发展策略构想》,载《中国软科学》1999年第9期。

[2]胡乃武、闫衍:《中国经济增长区际差异的制度解析》,载《经济理论与经济管理》1998年第1期。

[3]俞壮林:《建立外资利用统计指标体系的设想》,载《统计研究》1989年第6期。

[4]俞壮林:《建立外资利用统计指标体系设想》,载《统计与决策》1989年第4期。

[5]郭庆丰:《中西部区域经济发展综合评价研究》,载《江西财经大学学报》2006年第2期。

［6］王细芳:《我国外资发展业绩的实证研究》,载《齐齐哈尔师范高等专科学校学报》2005 年第 1 期。

［7］田海燕:《外资利用对人均收入的影响分析》,载《内蒙古科技与经济》2007 年第 9 期。

［8］李青、黄亮雄:《中国省际开放度的经济指标体系与政策走向》,载《改革》2014 年第 12 期。

［9］张玉杰、申小林:《区域开放度度量方法研究》,载《当代经济》2011 年第 9 期。

［10］都泊桦、刘洪涛、廖明球:《区域经济一体化与经济增长影响效应分析——基于长三角实证研究》,载《河南社会科学》2017 年第 12 期。

［11］刘常青、李磊、卫平:《中国地级及以上城市资本存量测度》,载《城市问题》2017 年第 10 期。

［12］宋书杰:《对外开放与市场分割是倒 U 型关系吗?》,载《当代财经》2016 年第 6 期。

［13］申广军、王雅琦:《市场分割与制造业企业全要素生产率》,载《南方经济》2015 年第 4 期。

［14］黄新飞、陈珊珊、李腾:《价格差异、市场分割与边界效应——基于长三角 15 个城市的实证研究》,载《经济研究》2014 年第 12 期。

［15］蔡昉:《中国经济增长如何转向全要素生产率驱动型》,载《中国社会科学》2013 年第 1 期。

［16］毛其淋、盛斌:《对外经济开放、区域市场整合与全要素生产率》,载《经济学(季刊)》2012 年第 1 期。

［17］张杰、张培丽、黄泰岩:《市场分割推动了中国企业出口吗?》,载《经济研究》2010 年第 8 期。

[18]柯善咨、郭素梅:《中国市场一体化与区域经济增长互动:1995—2007 年》,载《数量经济技术经济研究》2010 年第 5 期。

[19]陆铭、陈钊:《分割市场的经济增长——为什么经济开放可能加剧地方保护?》,载《经济研究》2009 年第 3 期。

[20]庞智强:《各地区省域经济综合开放程度的测定》,载《统计研究》2008 年第 1 期。

[21]陈敏、桂琦寒等:《中国经济增长如何持续发挥规模效应? ——经济开放与国内商品市场分割的实证研究》,载《经济学(季刊)》2008 年第 1 期。

[22]桂琦寒、陈敏等:《中国国内商品市场趋于分割还是整合:基于相对价格法的分析》,载《世界经济》2006 年第 2 期。

[23]徐现祥、李郇:《市场一体化与区域协调发展》,载《经济研究》2005 年第 12 期。

[24]张军、吴桂英、张吉鹏:《中国省际物质资本存量估算:1952—2000》,载《经济研究》2004 年第 10 期。

[25]赵昌平、李睿等:《基于决策规则结构化模型的“一带一路”网络博弈仿真研究》,载《华中师范大学学报(自然科学版)》2019 年第 12 期。

[26]张弘、姬浩等:《“一带一路”国内节点城市承接国家重大项目策略研究》,载《新西部》2019 年第 5 期。

[27]吕松涛:《应对经济全球化新挑战、构建人类命运共同体的中国方案——习近平关于推动经济全球化新发展的重要论述研究》,载《科学社会主义》2020 年第 2 期。

[28] 周冲、周东阳:《“一带一路”背景下中国与拉美国家贸易潜力研究——基于引力模型的实证分析》,载《工业技术经济》2020 年第 4 期。

[29]陈健:《新时代全面开放新格局形成的现实逻辑与实践路径》,载《江淮论坛》2020 年第 4 期。

[30]余振、李萌:《我国中部地区建设自由贸易港的若干思考》,载《学习与实践》2020 年第 1 期。

[31]仇华飞:《人类命运共同体思想及其新时代外交实践研究》,载《国外社会科学》2020 年第 2 期。

[32]喜崇彬:《〈国家物流枢纽布局和建设规划〉推进与落实》,载《物流技术与应用》2020 年第 7 期。

[33]翟茹雪:《国家物流枢纽建设规划背景下新型物流枢纽的发展研究——以广州国际物流产业枢纽为例》,载《物流科技》2020 年第 6 期。

[34]阮宗泽:《深刻领会习近平外交思想的理论与实践意义》,载《国际问题研究》2020 年第 1 期。

[35]杜飞进:《构建人类命运共同体 引领人类文明进步方向》,载《哈尔滨工业大学学报(社会科学版)》2020 年第 3 期。

三、网页

《甘肃省人民政府办公厅关于印发新时代甘肃融入"一带一路"建设打造文化枢纽技术信息生态"五个制高点"实施方案的通知》,载甘肃省人民政府网 2019 年 12 月 5 日,http://www.gansu.gov.cn/gsszf/c103666/201912/1393085.shtml。

四、外文文献

[1] Young, Alwyn, *The Tyranny of Numbers: Confronting the Statistical Realities of the East Asian Growth Experience*, Quarterly Journal(2015).

[2] C. Parsley David, Wei Shang - Jin, *Convergence to the Law of One Price Without Trade Barriers or Currency Fluctuations*, The Quarterly Journal of Economics(2016).

[3] Samuelson PA, *The transfer problem and transport costs: the terms of trade when impediments are absent*, Economic Journal (2015).

[4] Krugman, *Rethinking International trade*, Business Economics(2018).